GRIESHABER
EIN LEBENSWERK
1909–1981

Eine gemeinsame Ausstellung
der Staatsgalerie Stuttgart,
der Galerie der Stadt Stuttgart,
des Württembergischen Kunstvereins Stuttgart
und des Museums für Kunst und Gewerbe Hamburg

10. Oktober – 18. November 1984
Kunstgebäude am Schloßplatz, Stuttgart

16. Januar – 10. März 1985
Museum für Kunst und Gewerbe Hamburg
Steintorplatz 1

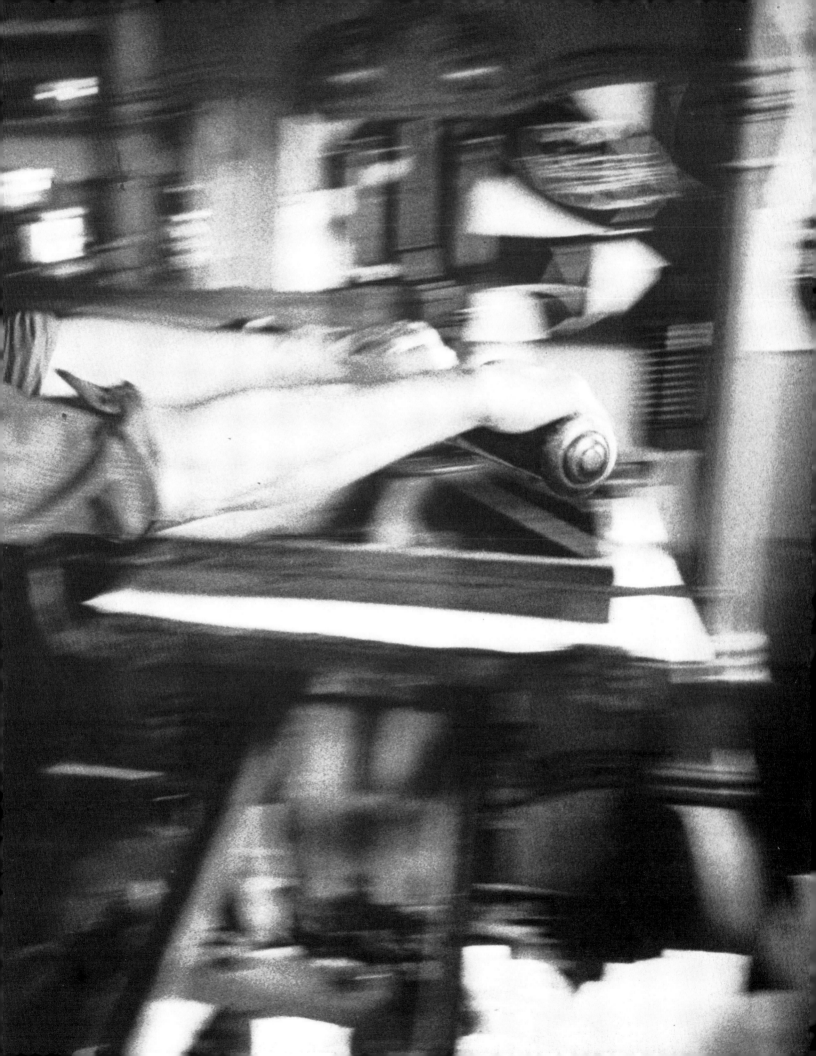

**GRIESHABER
EIN LEBENSWERK
1909–1981**

Mit Beiträgen von
Ludwig Greve
Manfred Schneckenburger
Heinz Spielmann
Gunther Thiem

Verlag Gerd Hatje

Copyright 1984 by Verlag Gerd Hatje, Stuttgart
ISBN 3 7757 0201 6

Redaktion: Margot Fürst, Gerd Hatje
Gestaltung: Gerd Hatje, Peter Steiner, Ruth Wurster
Reproduktionen: Willy Berger, Stuttgart, und Reprotechnik Ruit GmbH, Ostfildern 1
Gesamtherstellung: Universitätsdruckerei H. Stürtz AG, Würzburg

Abbildung auf dem Umschlag:
Lob der Gärtner von Herrenhausen. 1966. Farbholzschnitt (Ausschnitt). 66×47,5 cm

Inhalt

Ein Mythos kehrt in die Zeit zurück Manfred Schneckenburger	10
Grieshaber – Versuch eines Porträts mit verteilten Rollen Ludwig Greve	20
Grieshabers Maquetten und Probedrucke zu den illustrierten Büchern Gunther Thiem	28
»Umweg Holz« oder der Holzstock als Kunstwerk Heinz Spielmann	62
Die Abbildungen	73
Lebensdaten	273
Verzeichnis der Abbildungen	284
Bibliographie	289
Die Leihgeber	292

Vorwort

HAP Grieshaber wirkte zu seinen Lebzeiten durch eine starke persönliche und künstlerische Ausstrahlung, die wir mit einer Ausstellung erneut ins Bewußtsein rücken möchten. Als Maßstab für die Intensität künstlerischen Schaffens, verbunden mit einem ausdauernden, gegenwartsbezogenen Engagement für Fragen der Humanität und gesellschaftlichen Reifung, ist er uns im Gedächtnis geblieben. Er war und bleibt ein Künstler, der den Gedanken der Freiheit unter den Menschen zu verbreiten vermochte und sie ermutigte, ihre eigenen schöpferischen Kräfte zu entwickeln.

Am 15. Februar 1984 wäre HAP Grieshaber 75 Jahre alt geworden. Dies war der Anlaß für Stuttgart und Hamburg, den Künstler gemeinsam mit einer umfassenden Retrospektive zu ehren. In Stuttgart geschieht dies durch die Staatsgalerie, die Galerie der Stadt und den Württembergischen Kunstverein, in Hamburg durch das Museum für Kunst und Gewerbe und die Justus Brinckmann Gesellschaft, deren Ehrenmitglied HAP Grieshaber war.

Die kontinuierlich aufgebauten Sammlungen von Werken Grieshabers aus allen Schaffensperioden zeugten schon in der Vergangenheit von der Bemühung der Museen in Stuttgart und Hamburg, seiner Bedeutung gerecht zu werden, ebenso wie exemplarische Ausstellungen in allen vier Häusern. So stellte die Staatsgalerie Stuttgart 1963 erstmals die großformatigen Entwürfe der ›Bernstein‹-Zeit (1952) mit den dazugehörigen Holzschnitten vor. 1965 zeigte das Museum für Kunst und Gewerbe Hamburg die bisher umfassendste Retrospektive, begleitet vom Werkkatalog *Grieshaber – Der Drucker und Holzschneider* von Margot Fürst. Verschiedentlich präsentierte die Galerie der Stadt Stuttgart Ausschnitte ihres ständig wachsenden Bestandes an Arbeiten Grieshabers, während der Württembergische Kunstverein die großen Retrospektiven der Jahre 1954 und 1969 ausrichtete. Die letztgenannte Schau zum 60. Geburtstag war eine Gemeinschaftsveranstaltung mit dem Museum Bochum.

Seitdem hat Grieshaber zahlreiche Ehrungen erfahren, die auch die Reichweite seines Œuvres eindrücklich dokumentieren: 1971 wurde ihm in Nürnberg im Jahr der Stiftung der Dürerpreis verliehen, 1977 widmete die Staatliche Kunsthalle Berlin HAP Grieshaber eine große Ausstellung. Viel Aufmerksamkeit fand sein Werk in der Öffentlichkeit der DDR. So erhielt er 1978 den Gutenberg-Preis der Stadt Leipzig, und im gleichen Jahr fanden auch zentrale Ausstellungen seines Werks in der Neuen Berliner Galerie, Ost-Berlin, der Kunsthalle Rostock sowie in den Staatlichen Kunstsammlungen Dresden statt.

Unsere Ausstellung will das nunmehr abgeschlossene Werk in seiner Fülle ausbreiten. Nicht zahlenmäßig, was gar nicht möglich wäre, aber in dem Sinne, daß dem weit verbreiteten Holzschnittwerk die für viele überraschenden Unikate hinzugefügt werden: Tuschen, Bleistift- und Silberstiftzeichnungen, Aquarelle, Gouachen und die gemalten Maquetten, die fast jedem seiner Mappenwerke oder illuminierten Bücher vorausgingen. Gunther Thiem stellt diesen Teil des Œuvres im einzelnen vor. Eine signifikante Auswahl der Holzstöcke erfolgte aus dem Bestand, der Grieshabers Wunsch entsprechend durch eine großzügige Verfügung von Frau Riccarda Grieshaber als Dauerleihgabe in das Hamburger Museum gelangte.

Margot Fürst sei für die Konzeption und die gründliche Bearbeitung dieser Ausstellung herzlich gedankt sowie für den gemeinsam mit Gerd Hatje redigierten Katalog, für dessen Herausgabe und typographische Gestaltung unser Dank auch dem Verlag Gerd Hatje gilt. Auch Ludwig Greve und Manfred Schneckenburger möchten wir für ihre Beiträge danken.

Der Dank Hamburgs – des Museums und seiner Besucher – gilt der BATIG für ihre wieder einmal bewiesene mäzenatische Hilfe, die es ermöglichte, diese Ausstellung auch in Norddeutschland zu präsentieren.

Peter Beye
Eugen Keuerleber
Tilman Osterwold

Axel von Saldern
Jürgen Elingius
Heinz Spielmann

Ein Mythos kehrt in die Zeit zurück

Manfred Schneckenburger

1.

Auf der documenta III beherrschte Grieshabers zehnteilige ›Bildwand‹ 1964 einen ganzen Raum. Zwischen fünf übermannshohe Holzschnitte waren die Reliefs der Druckstöcke montiert. Neben der spitzwinklig verkeilten, gotisch komprimierten Passion des Bauernkriegs stand die fließende Eurhythmie eines mit Vögeln und Blättern verschmolzenen Paares, neben dem gewaltigen Emblem einer schwangeren Mutter eine ekstatisch verrenkte Figur, über die sich der Bogen eines Blütenbaums spannte. Grieshaber zog eine Summe seiner Ausdruckskraft und führte – warum nicht? – eine Kraftprobe des Holzschnitts vor. Sein Holzschnitt hatte sich nicht nur das Bild, sondern über den Druckstock auch die Skulptur, ja die Architektur erobert. Die documenta bestätigte Grieshaber, jenseits aller druckgraphischen Individuation, als einen Vollender, der dem Holzschnitt eine neue Dimension erschloß. Sein Beitrag zur Kunstgeschichte war offiziell notiert.
Im gleichen Jahr brachte Grieshaber das erste von dreiundzwanzig Heften seiner Zeitschrift *Der Engel der Geschichte* heraus. Jeder ›Engel‹ wurde ein großformatiger Tätigkeitsbericht, leidenschaftliches Pamphlet, hochkarätiges bibliophiles Dokument: der Einmannkampf des Druckers, Typographen, Holzschneiders gegen die offene und versteckte Gewalt, den Widersinn der Kriege und die Verwüstung der Natur. »Heere sind symmetrisch«, sagte Grieshaber, »der Künstler verhält sich nicht symmetrisch, sondern wie ein Partisan.« Seine eigenen Waffen beschränkten sich auf Schneidemesser, Druckstock und, bestechend bildklar, das Wort. An den mexikanischen Präsidenten schickte er 1964 ein Flugblatt: einen patronenstarrenden Militär, daneben die Forderung, den inhaftierten Maler Siqueiros freizulassen. Hundert Exemplare davon wurden zugunsten von Aktivitäten für die Freilassung verkauft. Der politische Grieshaber, der Künstler mit beiden Ohren im Wind der Zeit, der Mahner und Wächter auf der Achalm, der Aufrufer und Aufrufunterzeichner, das Gewissen, wenn schon nicht der Nation, so doch des Deutschen Künstlerbundes, ist 1964 nicht weniger sichtbar als die kunsthistorische Figur.
Gleichzeitig arbeitete Grieshaber mit großer Intensität an den Entwürfen für vierzig Holzschnitte zum *Totentanz von Basel*: dem Opus maximum seiner ikonographischen Phantasie, ironischen Brillanz, koloristischen Subtilität und der ersten Kooperation eines westdeutschen Künstlers mit der DDR. Grieshabers Werk war breit genug, um im Westen wie im Osten zu bestehen. Ein Ereignis der gesamtdeutschen Kunstgeschichte, wie ein Kritiker schrieb. Grieshaber, kein Wanderer zwischen zwei Welten, sondern, an einer der härtesten Schnittstellen, im Einklang mit seinem Satz: »Die Welt ist überall«. Nur Barlach war damals hüben wie drüben gleich präsent.
Am 5. Mai stellte Grieshaber im Bonner Stadttheater seine drei Meter hohe, dreizehn Meter breite Reliefwand *Der Rhein* vor. Elf Holzstöcke (von denen später auch gedruckt wurde) breiten sich zur Erzählung von Landschaft, Legende, Geschichte des Rheins. Christophorus, die Lorelei, römische Legionäre, Kölns Heilige Drei Könige, ein panartiger Vater Rhein schwingen in großen Bögen über das Riesenmaß. Gravuren durchfurchen den Flächenrhythmus mit einer lebendigen Ziselur. Das ist der Grieshaber, dem keine Aufgabe zu groß ist, um sie nicht aus der Kraft seines Holzschnitts anzugehen. Der aus Druckstöcken Altarwand und Kreuzweg, Sturmbock und Polyptychon fügt. Der dem Holz Aufgaben zumißt, wie seit den großen Retabeln des Spätmittelalters keiner mehr.
Auch das geschieht 1964. An einem Tag im April setzt der 54jährige Künstler sich aufs Perd und reitet fünf Tage durch seine oberschwäbische Heimat nach Rot an der Rot. Der Ritt war ein fast rituelles Eintauchen in die Jugend der Natur, an blühenden Bäumen und Bauern auf dem Felde, an barocken Kirchen und Klöstern vorbei. Die 37 Holzschnitte sind wunderbar melodiöse Linienzeichnungen

des Ritts und vital erzählte Episoden der Einkehr im Nonnenkloster. Auch der legendäre Grieshaber, der unberechenbare Individualist, das Naturkind, das hoch auf der Achalm – oder in Arkadien? – mit Pfauen, Affen und Rüsseltieren lebt, hat 1964 feste Kontur.

Bei all dem bleibt immer noch ein Grieshaber, den fast keiner kennt. Von Klee bemerkte er einmal, er habe über alles mögliche geschrieben, über Linien, Punkte, jeden erdenklichen Strich. Nur nicht über seine Farben, obgleich sie das Schönste seien. Von Grieshaber kennen wir kaum einen Satz über sein eigenes Maltemperament. Doch Wolf Schön zitiert einen Satz, der Grieshaber in seinen letzten Tagen durch den Kopf ging: Man wird sehen, daß er ein Maler war. Kein einziges Ölbild zeugt von dieser Malerei – daß Kunst in der bürgerlichen Stube zwischen den Hirschgeweihen hängt, saß als ein Jugendtrauma in ihm fest. Aber die Gouachen, in denen er Maquette für Maquette, Blatt für Blatt jedes seiner Bücher, jede Mappe plant: das ist Malerei. Pinselzüge verdichten sich wie große Gebärden zu Schrift und Bau, bringen Balken und Flächen hervor. Man spürt dahinter eine ganz sinnliche, fast erotische, gut gehütete Lust. Es ist kein Zufall, daß erst die Nachwelt davon erfährt.

Exzerpte aus einem einzigen Jahr, selbst Wichtiges blieb noch fort. Jemand sagte, daß es sieben Grieshaber gibt. Wenn ja, so hat jeder sein volles eigenes Gewicht. Für Panegyriker mußte die dialektische Fülle dieses Schwaben unwiderstehlich sein. Zeit und Ewigkeit, Politik und Natur, Logos und Urwesen ... der Jargon der Eigentlichkeit fuhr seine Geschütze auf und schoß das Porträt auf Schablonen ein. Die leichte Kavallerie des Feuilletons sprengte mit. Der Alte wurde zum Engel vom Berg, der einmal mit dem Flammenschwert, dann mit der Friedenspalme zu Künstlerkongressen, Gewerkschaftstagungen, Kulturdiskussionen und Preisverleihungen herniederstieg. Ein Mythos, eine Institution, gleichermaßen für professionelle Meisterschaft, Engagement, Gewissen, kauzige Originalität und Naturlyrik gut, ganz zu schweigen von dem Segen für den Ladentisch. Eine öffentliche Figur abseits der Öffentlichkeit, ein Kunst-, nein, ein Kulturpreisträger, dessen Bestand vor Kunstgeschichte und Nation gesichert erschien.

2.

Grieshaber war ein Charismatiker, der zur Gemeindebildung anregte. Er teilt diese Rezeption mit Barlach, wie übrigens auch die Liebe zum Holz und den Rückzug in die Provinz, verbunden mit einer urbanen Intellektualität. Er ähnelt darin – wir werden sehen: nicht nur darin – auch Joseph Beuys.

Als er 1981 starb, hoben Gemeinde und Feuilleton ihn aufs Klassikerpodest. Im gleichen Jahr fand in Köln die Ausstellung ›Westkunst‹ statt. Ihr erklärtes Ziel: die »unverbrauchte Moderne« von 1939 bis 1970 zu versammeln. Grieshaber kam darin nicht vor. Eine Vergeßlichkeit oder arbiträre Einseitigkeit der Kommissare? Eher ein Symptom dafür, daß Grieshaber auch heute noch nicht ganz aufgeht. Er wirft immer noch Fragen auf, macht immer noch ein Problem. Auch ein gemeinsamer Nenner an Übereinstimmung täuscht darüber nicht hinweg.

Die gängigste Übereinkunft heißt: Grieshaber steigerte den Holzschnitt gegen 1950 zum autonomen Bild. Der Künstler sah darin selbst eine wichtige Tat. Er rückte damit auf eine Linie, die von der Spätgotik und Reformationszeit zum Expressionismus führt. Mit ein wenig vollmundigem Geschichtsbewußtsein gesagt: Grieshaber gab dem Holzschnitt einen Schub, der nur mit dem Schub der Jahrzehnte um 1500 und 1900 vergleichbar ist.

Rückblenden verdecken eher die Eigenart. Anknüpfungen an die geliebten Einblattholzschnitte und Blockbücher des Spätmittelalters sind auf die frühen *Reutlinger Drucke* und wenige spätere Blätter beschränkt. Grieshaber war kein gotischer Meister, so wenig wie er ein schwäbischer Hellene war. Derlei Formeln verstellen eine sehr viel kompliziertere Spannung zwischen Unzeitgemäßem und Zeit. Er war sein Leben lang von der »gotischen Innigkeit« des Vor-Dürerschen Holzschnittes gefesselt, aber noch stärker berührte ihn dessen öffentliche Funktion: die mittelbare Intervention in den politischen, gesellschaftlichen, religiösen Prozeß, der Ausbruch der Kunst in die Welt.

Auch dem zweiten Höhepunkt, dem ›Originalholzschnitt‹ kurz vor und nach 1900, stand Grieshaber ferner, als es zunächst erscheint. Valloton, Bernard, Gauguin spielten für ihn so gut wie keine Rolle. Der Einfluß von Munch und Kirchner blieb zeitlich begrenzt. Letztlich ging Grieshaber von völlig anderen Voraussetzungen aus. Seine Neuorientierung wandte sich nicht gegen den naturalistischen Reproduktionsholzschnitt. Sie meinte keine Rückbesinnung auf das Material Holz. Sie stand nicht gegen den täglichen Bilderdienst, der dem Rasterdruck vorausging. Sie setzte die Reform, ja Revolution des Holzschnittes bereits voraus. Der großformige Umriß und der Schnitt entlang der Langholzfaser, die Strukturmuster der Maserung und die abbreviierende Schneidetechnik waren bereits verfügbare Stilmittel geworden. Doch gerade weil Grieshaber den Holzschnitt, anders als die Bahnbrecher von Gauguin bis Kirchner, nicht mehr künstlerisch legitimieren mußte, war er frei für seine Neubestimmung und -interpretation. Gerade weil er den Holzschnitt nicht erst als authentische Graphik gewinnen mußte, konnte er über seine Grenzen hinausgehen.

Der Mythos vom knorrigen Kämpfer, der im Holz den fruchtbaren Widerstand, »so gut wie politischer Widerstand«, sucht, mag eine Selbststilisierung sein. Doch sie kennzeichnet den genuinen Holzschneider, für den seine Technik mehr ist als ein demokratisches Potential. So sehr der Maler Grieshaber noch zu entdecken ist (die Ausstellung fordert dazu auf): Die Welt wuchs Grieshaber aus dem Holze zu. Dabei wollte er mehr als die unverfälschte Sprache des Materials. Den überstrapazierten Begriff der ›Materialgerechtigkeit‹, der dem Kunstgewerbe entstammt und in der modernen Kunst Karriere machte, lehnte er ab. Das Material mochte ihm ein fruchtbarer Widerstand sein – sein Diktat wollte er nicht. Von Franz Liszt hieß es, daß sein Klavierspiel ein ganzes Orchester ersetzte und doch Klavierspiel und nur Klavierspiel blieb. Von Grieshaber könnte man sagen, daß er dem Holzschnitt die ganze Polyphonie und ikonographische Skala der Malerei abverlangte, daß sein Holzschnitt Altar, Fresko, Tafelbild, Plakat, Illustration und doch Holzschnitt und nur Holzschnitt ist. Mehr noch, indem der Druckstock sich als Relief emanzipiert, greift die Graphik sogar in einen neuen, intermediären Raum und fügt den Mischformen der sechziger Jahre zwischen Fläche und Raum eine eigene Facette hinzu. Kein Zweifel, daß Grieshaber den Holzschnitt nicht nur äußerlich, sondern auch an Lebensfülle auf eine neue Ebene hebt. Warum bleiben dennoch Fragen zurück?

Die ›Brücke‹-Künstler machten den Holzschnitt um 1910 zur Speerspitze ihrer Mühen um die expressiv verkantete und verspannte Flächenfigur. Die Technik förderte eine eckig ausfahrende, zeichenhafte Abstraktion und ging so dem Zeitstil voraus. Selbst die primitivistische, vitalistische Ideologie fand im Direktschnitt ihr Äquivalent. Grieshaber stand in einer ganz anderen Situation. Seine Holzschnitte eilten dem Zeitstil nicht per se voraus. Die fünfziger Jahre waren zunehmend durch die rasche Malhand, die gestische Spur der Psyche auf der Bildfläche bestimmt. Werner Haftmann pries in immer neuen Metaphern die Einheit von Malgebärde und Gefühl. Der Holzschnitt hatte zu dieser Ästhetik der Spontaneität eine natürliche Distanz. Die Härte des Holzes, die – von Grieshaber gerade deshalb so geschätzten – handwerklichen Phasen des Anreißens, Schneidens, Einfärbens, Mehrfachdrucks zergliedern den durchlaufenden psychomotorischen Prozeß. Sie schieben eine Kontrolle um die andere ein. Das Resultat ist aus Analyse und Synthese gebaut. War der Holzschnitt deshalb ein sperriges Unikum im Jahrzehnt der psychischen Kalligraphie? Oder machte Grieshaber ihn, in einer ungeheuren Einmannanspannung, zu einem Medium, das der Malerei nicht nachstand: nicht weniger handschriftlich und individuell, doch reicher an ›Welt‹ als die Ich-Dramen und Malprozesse des Informel?

Solange die abstrakte Malerei fast als ein »anthropologisches Merkmal des Menschen in der zweiten Hälfte des 20. Jahrhunderts« galt (Werner Spies), blieben die Bezüge Grieshabers zum Zeitstil verdeckt. Sobald die Frage gegenständlich oder abstrakt sich als Scheinalternative erwies, traten sie um so deutlicher hervor.

Zeta · 1968 · Farbserigraphie · 118 × 113 cm · In: *Prometheus/Unica als Multiplicata*

Sein Beitrag erwies sich (jedenfalls für Deutschland) als einer der zentralen Vorstöße ins sechste Jahrzehnt. Denn Grieshaber wurzelt, kunsthistorisch rubriziert, in der Nachkriegszeit. Die Monographie von Wilhelm Boeck umriß seine Leistung bereits 1959 ebenso einfühlend wie exakt.

Da war zunächst das Chthonische und Naturmythische, das sich, abstrakt oder nicht, durch die deutsche Malerei nach 1945 zieht. Die Wachstumsschübe der Erde, die Energetik von Blühen und Vergehen, die Formkräfte von Wurzel, Blatt, Gezweig – all das dringt auch in den großen Holzschnitten durch. Im *Frühling* (1957) stoßen über dem tektonischen Geflecht unterirdischer Wurzeln spitze Keime ins Blau und Grün – Fritz Winters *Triebkräfte der Erde* in ein Emblem gefaßt.

Vor allem aber führte Grieshaber den Holzschnitt in diesen Jahren zu mehr gestischer Dynamik, skripturalem Fluß und malerischer Opulenz als jeder Künstler zuvor. Der Maler Grieshaber – das ist nicht nur der schlagkräftige oder subtile Kolorist, der Erfinder neuer Farbakkorde und kostbarer Zwischentöne, der im Holzschneider steckt. Das ist auch der Holzschneider selbst, der im Schnitt des Messers den Schwung des Pinsels bewahrt. Schwarze Balken stoßen wie Keile über das Format, ihre Umgebung löst sich in Texturen und kleineren Forminseln auf. Die Linie ist das abstrahierende, die Farbe das eigentlich abstrakte Element. Sie greift über die Figuren hinweg und durchpulst das Blatt mit ihrer eigenen Fluktuation. Neben die kurvilinearen Zeichen sind die freieren Rhythmen von Bogen und Fleck gestreut. Dem Tachismus widmete Grieshaber ein durchaus kritisches Flugblatt, fast eine Parodie. Dem abstrakten Expressionismus – das Schlagwort ist gefallen – kam er immer wieder nah.

Besonders die Gouachen betonen die Nähe zur gestischen Malerei. Sie zeigen die Formen noch im flüssigen Aggregatzustand. Rundungen und Schwünge sind verschliffen, wo die Richtungswechsel im Holzschnitt verkantet sind. Die Malbewegung fließt aus der Hand, wo die bewegte Umrißfigur sich im Holzschnitt festigt. Manchmal sind selbst die feierlich aus Balken gefügten Diaphanien von Pierre Soulages oder die wilderen Vehemenzen von Antonio Saura nicht fern. Zur Eroberung des Bildes durch den Holzschnitt gehört offenkundig auch, daß Grieshaber ein Maler war.

3.

Und die sechziger Jahre? Näherte die Malerei sich nicht der Optik wie Technik des Drucks? Verkehrte Haftmanns Credo »Von der Reproduktion zur Evokation« sich nicht, mit einer fast schon ironischen Konsequenz, ins Gegenteil? Die Malerei regenerierte sich auf dem Umweg über die Reproduktion. Sekundäre, gedruckte Bildwelten ersetzten die primäre Wirklichkeit und die Erregung der Existenz. Bei Warhol wurde die Serigraphie, was früher der Pinsel war. Mechanische Druckverfahren drangen sogar ins Formenvokabular. Roy Lichtenstein, Sigmar Polke, Alain Jacquet malten die Rasterpunkte der Autotypie als Strukturelemente der Komposition. Der Siebdruck mit seinen perfekt unpersönlichen Farbzonen wurde zur paradigmatischen Graphik des Jahrzehnts. War der Drucker Grieshaber in den fünfziger Jahren ein Solitär gegenüber der herrschenden Malerei, so war der Maler im Drucker jetzt ein Solitär gegenüber dem herrschenden Druck. Die Diskrepanz zwischen den allgegenwärtigen visuellen Klischees und der handschriftlichen, individuellen Emblematik Grieshabers ist offenkundig. Eine Kunst, die noch immer, Druckstock für Druckstock, Dürers ›Natur‹ aus dem Holz reißt, rückte an den äußeren – konservativen? – Rand der Medienwelt. Der Holzschnitt wurde mehr und mehr in die Rolle eines ehrwürdigen Veteranen des Hochdrucks gedrängt. Klees Klage, daß »kein Volk mehr den Künstler trägt«, ließ sich abwandeln: Den Holzschnitt trägt keine breite druckgraphische Kultur. Grieshaber sah diese Entwicklung, die in den computergesteuerten Lichtsatz mündet, völlig klar. 1979 konstatierte er, ohne Sentimentalität und erst recht ohne Maschinenstürmerei: »Der Holzschnitt ist heute elitär«.

Doch selbst Robert Rauschenberg monierte um 1960, »die zweite Hälfte des 20. Jahrhunderts sei nicht die Zeit, das Schreiben auf Felsen wieder einzuführen« – um kurz darauf seine erfolgreiche Lithographier-Tätigkeit zu beginnen. Auch Grieshaber bewegte sich, ebenso populär wie solitär, lebhaft im Kunstklima der sechziger Jahre. Die Parole »Kunst für alle« traf nicht nur auf seine vulkanische Kreativität, sondern auch auf sein altes demokratisches Ideal. Er wurde zu einem Motor der druckgraphischen Expansion, für die er zwei Jahrzehnte ein Vorreiter war.

1969 schrieb er, daß Holzschnitte »seit dem späten Mittelalter Antwort auf das [...]nd, was unter dem Begriff ›ars multiplicata‹ gerade die Gemüter bewegt« [...]er waren sie das 1969 wirklich noch? Ihre Rolle als Flugblatt, Zeitung, Biblia [...]erum hatten sie längst ausgespielt und an andere Massenmedien weitergege-[...] schon die ›Brücke‹-Mappen waren explicit an den Kenner gewandt. Im 20. Jahrhundert wurde der Holzschnitt (sehen wir von der chinesischen [...]orm ab) eher bibliophil kanalisiert als in die Breite gestreut. Grieshaber [...]ichtig genug, um sich keine Illusionen über die Verengung der Öffent-[...] ›Kunstöffentlichkeit‹ zu machen. Er träumte den Blütentraum der sech[...] von der Demokratisierung der Kunst durch die Graphik hellwach und [...]servation einer gehörigen Skepsis. Er wußte stets, daß der Adressat [...] eher der Sammler als der Arbeiter war. Ganz überwunden hat er [...]a allerdings nie. Eines seiner Lieblingszitate war die Formulierung [...] die Kunst nicht zu den Massen hinabsteigen, sondern die Massen zu [...]ben solle. In den Worten Grieshabers: »Es gibt keinen Wein für Arb[...] Wein«.

Seine [...] sich auch in den frischen Wind. Verglichen mit der vehementen Abstra[...]ren Einzelblätter geht durch die Mappenwerke der sechziger Jahre e[...] rzählung, zur schweifenden Ikonographie und zum realistischen [...]. Die hymnische Feier der Natur wird zur Naturbetrachtung des Osterreiters querfeldein. Der *Totentanz von Basel* bezeugt eine veränderte Zeit. Die übermusterten Kleider und Bodenflächen, der Arzt mit Stethoskop und Apparatur, der Kaufherr mit Telefon, das der Tod für ihn abnimmt, der Ratsherr vor dem Taxistand mit dem Tod als Normaluhr – darin steckt soviel urbane Folklore, städtischer Alltag, wie dies im vorausgegangenen Jahrzehnt kaum denkbar war. Wenn der Tod, um das Kind zu holen, seine Farben mit dem kitschigen Hellgrün-Rosa eines gestreiften Handtuchs (vom Waschbecken im Atelier) verzuckert, muß das nicht gleich Pop-art sein. Wenn seine Rippen auf einem anderen Blatt von den Hammern, Dämpfern, Tasten eines ausgeschlachteten Klaviers gedruckt sind, wenn für die *Prometheus*-Folge Stücke von Autoreifen und Blätter als Druckstempel dienten, erinnert das schon eher an Robert Rauschenberg oder Arman. Grieshaber wird dadurch weder ein Assemblage-Künstler noch ein Nouveau Réaliste, aber er hält Kontakt mit den Metamorphosen des Objekts und den neuen Strategien der Aneignung von Realität.

Bei all dem blieb Grieshaber der er war. Das Naturmythische, die Nähe zu Schöpfung und Kreatur, die Überzeugung von der Tragkraft des Holzschnittes und das Pathos vom Auftrag des Künstlers hielt er ungebrochen hoch. Seine reaktive Sensibilität für Politik, sein Ethos der vervielfältigten Kunst und Gesellschaftskritik, die Öffnung in den Alltag, der damals ›Leben‹ hieß, rückten ihn jedoch in das neue Jahrzehnt. Grieshaber war, soweit ich sehe, der einzige Künstler seiner Generation, der sein ganzheitliches Lebensgefühl mit dem Demokratismus und dem kritischen Bewußtsein der sechziger Jahre verband. Darin lag das Geheimnis seiner Attraktivität für konservative Verehrer und progressive Fans. Nicht, daß Grieshaber mit dem einen Janusgesicht konservativ und dem andern progressiv war. Die Verschmelzung war unlöslich und homogen, aber auch eigenartig und kompliziert, wie ein – wirklich nur hergesuchter? – Seitenblick belegt. Der Vergleich hätte vermutlich den einen kopfschütteln gemacht und würde den andern mild lächeln lassen. Für ihre Freunde grenzt er an ein Mißverständnis, für die Jünger wohl an ein Sakrileg. Dennoch wüßte ich keinen, mit dem Grieshaber soviel gemeinsam hat wie mit Joseph Beuys.

Milchschaf · 1958 · Aquarell · 130 × 91 cm

Daß Grieshaber lange vor Beuys ein Grüner war, daß der *Wacholderengel* zur Rettung der Alb mit der Beuys-Aktion zur Bepflanzung von Hamburger Industriegebieten korrespondiert, mag vordergründig sein. Daß beide das Leben der Menschen, vor dem Schöpfungsschisma, zusammen mit dem der Tiere und Pflanzen sehen, führt besonders in den fünfziger Jahren zu verwandten ikonographischen Details. Paare gehen in Blumen und Bäume über, Menschen wachsen Flügel an, Elch- und Hirschfrau entwickeln sich aus einem unendlich zarten, Lebensprozessen nachspürenden Strich. Immer wieder kehren beide Künstler zu den Zwitterwesen einer ursprünglichen totemistischen Einheit zurück. Beide haben ein ganzheitliches Bild des Menschen, in dem Natur und Kultur, Mythos und Geschichte noch zusammengehen. Grieshaber muß diese Nähe gespürt haben: 1968 reproduzierte er im zehnten *Engel der Geschichte* die 1952 entstandene Beuys-Plastik *Schaf im Schnee*. Auch daß beide verwandte Erfahrungen mit der Institution Akademie machen, ist keineswegs nur eine biographische Pointe, sondern hängt von ihrer Idee des Schöpferischen ab. Beide geraten mit den gleichen ministerialbürokratischen Prüfungsnormen in Konflikt, die mit ihrer freieren Auffassung von Kunst nicht zu vereinen sind. Klaus Gallwitz schrieb nicht über Beuys, sondern über Grieshaber, »daß er Begriff und Institution des Lehrers so entschieden in Frage gestellt hat, bis er sah, daß er nur noch sein Amt zur Verfügung stellen konnte«. Die Formulierung, »nicht Erziehung zur Kunst, sondern Erziehung zum Leben durch Kunst«, stammt nicht von Beuys, sondern von Grieshaber. Ist sie wirklich so grundlegend von der Provokation, die Akademie könne auch kreative Hausfrauen ausbilden, entfernt?

Von daher lösen einige frühe Einsichten Grieshabers kaum mehr Erstaunen aus. Sie antizipieren weniger das eigene als das Werk von Beuys. Nach 1945 hielt Grieshaber mehrfach einen Vortrag über Picassos *Guernica*. Er warf darin immer wieder die Frage auf, ob die neue Kunst nicht viel nachhaltiger und tiefer ins Leben eintauchen müsse. Sie trüge dann vielleicht nicht mehr dieselbe Würde, die ihr das Bürgertum gab. Sie könnte vielleicht so sein, daß der Begriff Kunst nicht mehr paßt. Aber vielleicht brauche die neue Zeit in diesem Sinne keine Künstler mehr. Vielleicht gäbe es dann nur noch Initiatoren für ein allgemeines Musizieren in Kunst. Als Grieshaber 1951 Lehrer an der Bernstein-Kunstschule in Sulz am Neckar wird, sind Gedanken dieser Art noch sein kunstpädagogischer Impuls. Die Idee der allgemeinen Kreativität, die Ablösung der künstlerischen Spezifikation, die Vision der im Leben aufgehenden Kunst war zumindest in sein Blickfeld gerückt. Eine verführerische Spekulation: Grieshaber als ›missing link‹ zwischen der Utopie Mondrians und dem erweiterten Kunstbegriff von Beuys.

Grieshaber ging diesen Weg indes nicht. Er griff mit der Kunst auf das Leben aus, aber er glich die Kunst nicht dem Leben an. Er schnitt den *Wacholderengel* in Holz, aber er pflanzte keine Bäume ein. Er erweiterte die Kunst, aber nicht den Kunstbegriff. Er war ein Neuerer, aber kein Revolutionär. Die Jahrhundertvorgabe von Duchamp – Kunst, die auf Messers Schneide zur Nichtkunst balanciert – berührte ihn nicht. Seit den sechziger Jahren stand Grieshaber seiner Zeit näher als der offiziellen, der ›documenta‹-Kunst dieser Zeit. Deren Identitätskrisen erreichten sein Werk nicht mehr.

4.

Die Verehrer bewunderten darin das künstlerische Urgestein, das durch die Tagesmoden wächst. Die Ratlosen, denen die Kunst in immer neue Attitüden und Konzepte entglitt, ergriffen den Halt im Innovationskarussell. Die Konservativen, denen die Kunst den ewigen Mythos vom Werden und Vergehen und vom Menschen als höchstem Schöpfungsziel zelebrierte, fanden bei Grieshaber ihren Trost. Die Engagierten, für die Kunst und Humanismus fast Synonyme waren, erkannten in ihm ein Bollwerk von Solidarität. Negativklischees über den Kunstbetrieb gingen mit dem Topos des Klassikers Hand in Hand. Der Lynkäus auf der Achalm gab hierfür, auch ohne Selbststilisierung, eine optimale Besetzung ab.

Andere lebten mit den Brüchen und Krisen eines ständig expandierenden Kunstbegriffs. Sie sahen gerade darin seine Regenerationskraft und Vitalität. Meine Generation erreichte Mitte der fünfziger Jahre die zeitgenössische Kunst. In Stuttgart öffneten Baumeister und Grieshaber wie ein Propylon den Weg ins Gelobte Land. Die Lithographien des einen, die Holzschnitte des anderen bildeten für viele den frühesten druckgraphischen Besitz. Anderthalb Jahrzehnte später waren die Holzschnitte uns ferner gerückt. Schuld daran trug weniger die grassierende Graphik-Inflation, für die Grieshaber keine Verantwortung trug – wir glaubten einfach nicht mehr an die Zyklen von Leben und Tod, die Beschwörung von Naturmächten und Humanität in den unverändert archaischen Medien Holzschnitt und Malerei. Wir glaubten nicht mehr an die Tragkraft von Baumblüte und Knochenmann und ihre schiere Verwandlung in Farbe und Form. Robert Smithson häufte damals riesige Erdspiralen auf und bannte so die Energien der Entropie. Joseph Beuys symbolisierte die Lebensprozesse durch seine Materialien Honig, Fett und Filz. Hans Haacke führte die Grundstückspekulation in New York City durch lange Namenslisten vor. Grieshaber malte blühende Gouachen und schnitt monumentale Embleme in Holz.

Sicher verfährt leichtsinnig, wer heute Schlüsselbegriffe der Moderne wie Avantgarde, Experiment, Innovation als Schlagwörter eines hektischen Kunstbetriebs demontiert. Was feststeht, ist lediglich dies: Wie die Abstraktion, so gilt auch die Kunst »jenseits der Malerei« heute nicht mehr als Telos eines einlinigen Wegs. Ich werde mich hüten, Brücken zwischen den vehementen Gouachen Grieshabers und dem jüngsten Boom der gestisch-expressiven Malerei zu schlagen. Doch für einsinnige Geschichtskonstruktionen ist kein Platz mehr. Der Blick auf einen breiteren Geschichtsablauf gibt uns eine Chance, auch Grieshaber gerechter – und zentraler? – zu sehen.

Seine Eigenart zeigt sich am ehesten in einem Paradox. Kaum ein Künstler im 20. Jahrhundert engte sein Werk – die Gouachen als Entwürfe mitgerechnet – so sehr auf eine einzige Technik ein. Kaum ein Künstler im 20. Jahrhundert schloß sein Werk so sehr für das ganze Lebensspektrum auf. Grieshaber feierte eine heile Schöpfung (was vielen verdächtig schien) und bekämpfte eine unheile Welt (was mit Kulturpessimismus nichts zu tun hatte). Er machte den Holzschnitt, jedenfalls der Absicht nach, omnipotent.

Entscheidend hierfür waren nicht nur Grieshabers professionelle Formsicherheit und Virtuosität, die manchmal nur bis zur souveränen Stilisierung ging. Entscheidend war, daß Grieshaber die Kunst als Antwort auf das Leben selbst betrieb. Wolfgang Rothe hat einen seiner spürsinnigen Texte über den Künstler »Anlässe« benannt. Anlässe sind der Geburtstag eines Freundes und die griechische Obristendiktatur, die Obsternte und der Auftrag für ein Plakat, der Tod eines Politikers und die Sorge um die Ökologie der Alb. Jeder Holzschnitt geht auf einen Anlaß zurück. Jeder ist ein lebendiger Reflex, offen zu den Euphorien, Tragödien, Banalitäten des Lebens hin. Jeder steht am Gegenpol zu einer Kunst, die nur das Innenleben des Künstlers extrovertiert. Aber auch am Gegenpol zu einer Kunst, die nur auf Kunst reagiert – Grieshabers Position in den Fünfzigern und Sechzigern erhellt sich daraus. Es gibt nur den Auftrag oder die Spontaneität.

Die Pole sind Gesellschaft und Natur. Ihr tertium comparationis ist der Mensch, weil er ein soziales und ein kreatürliches Wesen ist. Der *Engel der Geschichte* steht neben der ekstatischen Lyrik der Blätter zum Frühling oder Herbst, die Intervention des Künstlers in den Tag neben der Feier des Lebenszyklus. Man muß sich klarmachen, mit welch fugenloser Selbstverständlichkeit diese Pole ineinandergreifen, um jenseits von Zeitgeist und Novität das Außergewöhnliche, wahrhaft Unzeitgemäße der Synthese zu sehen. Die Aktualität der Mittel kommt erst danach.

Grieshaber greift auf, was Barlach die spezifische »Herausforderung des Holzschnitts zum Bekenntnis« nannte. Diese Holzschnitte gründen, wie Grieshaber sagt, »im Mitleben, aus dem etwas geschieht«. Am Gegenpol zum »Mitleben« steht das Erlebnis der Einheit von Mensch und Natur. Linien durchlaufen Metamorphosen vom Vegetabilischen über das Animalische zum Humanen hin.

Menschen verwachsen – wie Daphne – mit dem Baum. Formen sind doppelt lesbar – als Ast oder Arm. Kaum etwas ist eine literarische Reminiszenz. Die Verschmelzung stammt aus der eigenen Dynamik der Flächen und der Öffnung ihres Konturs. Körperformen und Landschaftswellen schwingen synchron. Grieshabers Alb ist immer wieder seltsam anthropomorph.

Der politische und der bukolische, der zeitkritische und der naturhymnische, der intellektuelle und der (im Sinn Schillers) naive Grieshaber sind nicht voneinander zu trennen. Politik und Pan führen kein Doppelleben in diesem Werk. Die *Dunkle Welt der Tiere* beschwört den mythischen und kulturellen Urbereich, in dem der Mensch noch Bruder und ein freundlicher Herr der Tiere war. Aber der Anlaß ging von einer politischen Nachricht aus, als 1959 mehrere junge afrikanische Staaten die Fortführung der Naturschutzparks ablehnten. Während des Südostasien-Krieges machte Grieshaber sein vietnamesisches Hängebauchschwein zum grotesk vitalen Helden mehrerer Holzschnitte. »Es ist, als wachen die Nachbarn plötzlich aus einem Rausch von Nachrichten auf. Wer von allen möchte, nachdem er es gesehen hat, daß auch nur eine einzige Bombe auf mein vietnamesisches Schwein fällt?« Gab es je ein unpathetischeres Friedenssymbol?

Grieshaber wirft Fragen auf. Am grundsätzlichsten die Frage nach dem Zusammenhang von Aktualität und Qualität. Seine bedeutendsten Werke entstanden in einem Jahrzehnt, in dem die Kunst in immer neue Medien und Materialien, Situationen, Attitüden und Konzepte expandierte. In einem Umbruch, in dem sich das Verhältnis von Wirklichkeit, Reproduktion, Vervielfältigung und Kunst neu formierte. In einem Medium, das seine Öffentlichkeit verloren hatte und manchem als ein Archaismus erschien. In einer Sprache, die an Komposition, Emotion und am Primat der Form festhielt. Grieshaber wirft auch die Frage auf, ob dies alles die rechten Fragen sind. Er selber hätte sich – malgré tout – nicht darum geschert.

Grieshaber
Versuch eines Porträts mit verteilten Rollen

Ludwig Greve

Den Weg zur Achalm bin ich seit vielen Jahren nicht mehr gegangen, ich meine zu Fuß, beim Durchfahren haben die meisten Städte, natürlich auch Reutlingen, längst diesen Einheitslook, doch in Gedanken finde ich schon »auf die Achalm«, so sagten wir, und es war mehr als eine Ortsbezeichnung. Die Achalm gehört zur Schwäbischen Alb, ein abgestumpfter Kegel mit Burgruine und einer Wetterfahne aus Blech. Die bringt mich darauf, so wenig ich sie damals beachtete, daß ich in dem Mann, zu dessen Gartenhaus ich mit großen Schritten hinaufging, eine Art Ritter gesehen habe; Uhlands Gedicht vom Grafen Ulrich, man mußte kein Landeskind sein, mag da nachgewirkt haben. Es bleibt mir wohl nichts übrig, als das einzugestehen, wenn es auch nur eine vage, eigentlich unstatthafte Vorstellung war; Partisan, ja, den Titel ließ er sich gefallen, Ritter kamen in dem Mantel-und-Degen-Stück, das wir miteinander spielten, nicht vor. Und doch hatte Grieshaber, wer ihn kannte, wird den Namen schon erraten haben, etwas Ritterliches an sich, oder was ich eben dafür hielt; etwas Unbürgerliches, eher Handwerker als Bohemien, dazu die Allüre eines Weltmanns; die Kühnheit, die aus den scharfen Backenfalten, dem Schnurrbart und natürlich den Augen sprach, ist noch in seinen Briefen spürbar, diese exorbitanten Schwünge der Unterlängen. Sein Werkzeug war noch immer die Klinge, die er sich in den dreißiger Jahren, Arbeiter in einer Maschinenfabrik, aus Federstahl geschliffen und zwischen zwei Hölzer geklemmt hatte, sie sah »durch Zufall« so aus wie das Messer der ersten Holzschneider. Die Anspielungen auf das Mittelalter, wie man sie in seinen Bildern, bei aller Affinität zu Klee und Picasso, allenthalben findet, waren gewiß nicht zufällig. Ließ er auch keinen Zweifel, auf welcher Seite er stand, so gab er seinen Rittern – etwa in der *Marienkirche* oder viel später im *Sturmbock* – nicht minder sorgfältig, ich möchte sagen mimisch, Gestalt als den Bauern und Bürgern. »Wir beide wissen«, sagte er nach einer jener Diskussionen über das richtige Leben und »die Bombe«, die die theologischen Streitgespräche abgelöst haben, »daß Kunst allem gewachsen sein muß, auch dem Krieg!« Er sah mich dabei eindringlich, beinah drohend an, und ob ich auch nur den Spiegel abgab, vor dem er eine Rolle übte, ich kam mir zugleich betroffen und ausgezeichnet vor.
Unbürgerlich, was heißt das schon? Das Auffälligste (für das »Bürgersöhnchen«, das er in mir, allen Allüren zum Trotz, bald rekognoszierte), das Auffälligste war wohl, daß er zwischen Arbeit und Privatleben nicht unterschied. »Leben«, zitierte er, ich weiß nicht mehr, welchen *homme de lettres* auf schwäbisch, »Läben ist was für die Domestiken«. Er lachte dabei, als wollte er die Welt herausfordern, zumindest den vergleichsweise harmlosen Bezirk – Obstbaumwiesen, den Georgenberg, unten die Bürgerhäuser und Fabrikanlagen von Pfullingen –, den man von der Achalm sah. Seine Vornamen waren ihm zuwider, deshalb hatte er die Initialen zu einer Chiffre zusammengezogen, aus Helmut Andreas Paul wurde hap, meist kleingeschrieben, das schloß alle Intimität aus. Freunden, die sozusagen einen Spalt in der Rüstung suchten, erteilte er das Privileg, ihn »Gries« zu nennen, auch das eine Abkürzung, ein *nom de guerre.* Einen Aufsatz über Schriftzeichen beendete er mit dem Bild der von Wind und Regen ausgezehrten Steine, die in chinesischen Gärten aufgestellt sind. »Was müssen die Chinesen zusammengelitten haben, um so ganz ohne Selbstmitleid einen erbarmungslosen Stil in ihr Leben zu nehmen!« Er wußte, wovon er sprach, wenn er sich auch nicht jedermann verständlich machen konnte.
Ja, gehen wir noch einmal auf die Achalm. Die Hochstimmung, die mich erfüllte, wenn ich in Reutlingen aus dem Zug stieg, befähigte schon eher zum Fliegen als zum Bergsteigen. Die Passanten werden nicht gemerkt haben, daß ich innerlich hüpfte, und, Spaß beiseite, auch meine Empfindlichkeit war von der Art der Luft-

ballons. Über das Karree des Bahnhofsplatzes, dessen Bäume immer wie frisch abgestaubt aussahen, ging es durch die Altstadt oder eine schnurgerade lange Straße entlang, wo man kaum einen Fußgänger sah, zum Leonhardsplatz, der im Verhältnis zu den Vorstadthäusern zu groß geraten schien; kein Wunder, wenn hier, nach Uhland, der »grüne Anger« gewesen war, »der scheint bequem zum Streit«. Das Café dort, auch sonntags geöffnet, war die letzte Station, um Zigaretten für ihn zu kaufen, Simon Arzt, glaube ich, und eine Flasche Zwetschgenwasser, wenn das Geld reichte. Er kam, zumal im Winter, selten in die Stadt, und dann gewissermaßen zu Pferde. Durch die Kaiserstraße, an deren Ende es ins Freie ging, lief ich mit angezogenen Schultern, als hätten es die gußeisernen Dornen der Vorgartenzäune auf mich abgesehen. Wenn ich ihm davon erzählte, wobei ich die Idiosynkrasie ein bißchen übertrieb, freute er sich. Am Fuß der Achalm standen noch Villen in den gepflegten Gärten, »Bungalows« nannte man sie erst später, und die Straße war bei aller Ländlichkeit »erschlossen«, womit nicht nur das Sichtbare gemeint ist, Lampen und Gehsteig, sondern die Kanalisation; das hörte weiter oben bald auf. Hier wohnten, wenn ich die Anwesen richtig einschätzte, vornehmlich Architekten und Fabrikanten, ein für Reutlingen konstitutiver Stand. Dann verzweigte sich der Weg, ich nahm in der Regel die steile Abkürzung, die wie ein Flußbett in den Fels gehöhlt war, weniger, um Zeit zu sparen, das auch, als weil mich solche Herausforderung an die Kindheit erinnerte; öfters im Winter überzog eine glatte Eisschicht die unbehauenen Steine, man mußte Fuß für Fuß Halt suchen, oder der dicke tauende Schnee kam einem als Sturzbach entgegen. War man schließlich oben angelangt und holte tief Luft, die köstlich war, so hatte man einen Ausblick, je nach Jahreszeit lieblich oder heroisch, auf mächtig geschwungene Wiesen und alte Obstbäume, zwischen denen windschiefe Hütten standen; hie und da schimmerte der rauhe Untergrund durch. Ich beschreibe das so ausführlich, um mich wieder in die Erwartung zu versetzen, die mit jedem Schritt wuchs, und weil es seine Landschaft war, fast hätte ich gesagt, sein Reich. Man spürte deutlich die Grenze, an der Weggabelung steht wohl heute noch eine Aussichtsbank, von da an hätte ich den Weg auch mit geschlossenen Augen gefunden. Das Knirschen der Steine – in meiner Erinnerung ist jetzt Sommer – konnte er wohl im »Atelier« (Betonung auf der zweiten Silbe) hören, denn in der Regel kam er schon winkend den Gartenweg herunter, diesen von Sträuchern und Blumen üppig belagerten Weg, bevor man die Drahtschlaufe heben konnte, welche die windschiefe Gittertür am Pfosten festhielt. Ich höre das rostige Quietschen, wenn sie aufging, und gleich darauf sein Lachen, ein richtiges Salutlachen; der Mund rundete sich zum O und konnte sich am Schall nicht genugtun, dann bog er den Kopf vor und schüttete so ein Wiehern aus, fast atemlos, wobei er einen mit verschwörerischem Blinzeln ansah. Ja, Verschwörer, die Rolle paßte uns, wir brauchten sie nicht zu lernen. So hochgemut, wie das klingt, verlangt es wohl heute einen Kommentar, wofür ich mir den »grauen Kiel« wünsche, den bei Shakespeare die Zeit führt.

Wie war das damals, Anfang der fünfziger Jahre? Es bedurfte keiner besonderen Empfindlichkeit, um das Nachbeben des Krieges – ach, »welcher?«, mag der heutige Leser fragen – zu spüren, doch dem Gros der Davongekommenen, wer wollte es ihnen verdenken, stand der Sinn nach Normalität, nicht Erneuerung. Grieshaber hatte die »zwölf Jahre«, wie er die Zeit des Unheils umschrieb, das bißchen Freiheit geradezu verschwenderisch genutzt, das sich erlisten konnte, wer sonst keine Ansprüche stellte. Der gelernte Setzer und Kalligraph – inzwischen ganz ausgestorbene Berufe – kannte das schwäbische Barock wie die Expressionisten, er las Montaigne und den »Born Judas« und liebte die Naivität der Schattenspiele des Karaghiozi. Er war der geborene Schwarzdrucker, das ist wörtlich zu verstehen – wie übrigens fast alles, was er sagte und schrieb, die Leute waren das nur nicht gewöhnt. In Buchstaben, Zeichen sah er Charaktere, wie sie ja auch französisch heißen. Wenn er einem das mittelalterliche Pestkreuz vorwies oder ein Flugblatt »in Egyptienne« aus der Zeit der Französischen Revolution, so begeisterte ihn weniger die abstrakte Schönheit als der Ausdruck des historischen Moments, er hätte gesagt, die Wahrheit. Er war nicht nur darin Moralist. Ob er sich in den

Selbstbildnis im Spiegel · 1970 · Gouache · 50 × 50 cm

Selbstbildnis im Spiegel · 1970 · Gouache · 50 × 50 cm

dreißiger Jahren in Reutlingen als Hilfsarbeiter durchbrachte, ob es ihn im Krieg ins elsässische Hagenau verschlug, Holz sowieso, auch eine Druckerpresse fand sich immer, je altertümlicher, desto besser. »Es gibt keinen verhinderten Künstler«, war einer seiner Sprüche, er hätte auf ein Wappen gepaßt. Kunst (ohne Artikel) sollte nichts weniger als das Volk von Entfremdeten zu sich bringen. Dazu waren Flugblätter gut, Plakate in großen Auflagen, nichts Kostbares; das wurden sie ihm erst unter der Hand, und mochte er sie auch auf Packpapier abziehen (»wie alte Seide«). Ich hörte ihm zu, innerlich rot- und blaßwerdend, wenn er auf sein Lieblingsthema kam: daß Kunst in Obhut nehmen müsse, was hier Gewalt, dort – eine Geste weit über die Alb hinaus – Bequemlichkeit unterdrückten. Diese Unnachgiebigkeit auch im Kleinen, der Drang zur »Menschenwelt«, wie sie nun einmal war ... ich stelle mir vor, daß er sich mit dem Schwaben Schiller gut verstanden hätte. Die Menschenwelt hatte lange aus einer Handvoll Freunde bestanden, die inmitten des permanenten Volksaufmarsches der »zwölf Jahre« nach Art von Verschwörern miteinander umgingen; das war nichts Seltenes, wo die bloße Weigerung, den Verstand preiszugeben, Argwohn erregen konnte, und euphemistisch ist daran, »weltweit« gesehen, nur die Vergangenheitsform. In solcher Drangsal erkennen sich die, er hätte gesagt, auf die es ankommt, schon an der Sprache, es bedarf keiner Losungsworte. Grieshaber »antwortete nicht symmetrisch«, er verfügte über einen Fundus, man denke ruhig an Theater, von Einfällen, befremdlichen Zitaten und Bauernsprüchen, mit denen er seine Zuhörer in einen wahren Märchenorient versetzte. Er sprach von Freunden, das war auch der Name der Künstlergruppe, mit der er nach dem Krieg auftrat, doch in Wirklichkeit suchte er Verbündete. »Die Freunde«, das war immer ein Plural. Kein Talent hielt er für zu gering, als daß er es nicht als Herausforderung angenommen und sich ihm geradezu brüderlich gewidmet hätte. Indem er einem andern Mut machte, bekam er ihn selber. Man merkte in der Regel zu spät, daß die Umarmung, sozusagen, eigentlich ein Ringkampf war, eine Prüfung, wie lange man standhielt. Seine Überlegenheit, so sehr er sie zurückzunehmen wußte, war offensichtlich; gab man ihr nach, so erfuhr man wohl etwas vom Glück der Marionette, doch gleichzeitig ihre Abhängigkeit. Auch das gehörte zu ihm, wenn ich recht sehe, daß immer mal wieder Freunde oder Schüler ihm abtrünnig wurden, weil sie der eigenen Unbeholfenheit schließlich mehr trauten als seiner Vorgabe. Er nahm das ohne Empfindlichkeit hin, ließ es auch selten zum Bruch kommen, denn Freundschaft, wie er sie verstand, beruhte darauf, daß man »etwas zusammen machte«, eine Gelegenheit fand sich immer.

Was sind das für Wörter im Zeitalter der Beliebigkeit, Verschwörer, Abtrünnige? Sie deuten auf einen Grundzug, den ich wohl leidenschaftlich nennen muß, also auf Pathos, freilich vom Witz erhellt. In dem Alter, in dem man es am meisten entbehrt, hatte Gries ohne Echo auskommen müssen, das gab seiner Sprache eine eigenartige Resonanz, etwa so, als rufe er durch den Mund einer Maske. Vielleicht war es das, was mir verschwörerisch vorkam, er hatte so lange das Schweigen übertönt, daß er nicht mehr anders als in Tropen reden konnte, ein Parlando »hatte er nicht drauf«, wie die Musiker sagen. Das Atelier war ja auch kein Zimmer, in dem man es sich hätte wohnlich machen können, wenn einem in seiner Gegenwart überhaupt danach zumute gewesen wäre; das Feldbett, ein Bauernstuhl, alles andere diente der Arbeit. Es geschah nun nicht nur mir, daß der Gast diese Sprechweise annahm, also das Gefühl für ihre Befremdlichkeit verlor. Zur Geheimhaltung, um im Bild zu bleiben, wurde er nicht verpflichtet, denn, so erfüllt er auch die Achalm heruntertanzen mochte, zu Hause erwies das Orakel sich als unübersetzbar. Was blieb, war der Vorsatz, sich »produktiv zu verhalten«, in Goethes Worten, komme, was da wolle. Kein geringer Anspruch, das gebe ich zu.

Bleiben wir noch einen Moment auf der Achalm. Der Garten war so ein schwäbisches Gütle am Abhang, freilich ohne Sinn für Nutzbarkeit bepflanzt; da ich nur Augen für den Meister hatte, kann ich nicht sagen, was da alles wuchs; Sonnenblumen gewiß, fast schwarze Malven, ein dichter Schutz vor der Welt. Das Holzhaus oben sah man erst, wenn man unmittelbar davorstand (die spiegelnden Glaskugeln ...); er hatte es nach der erzwungenen Heimkehr aus Griechenland 1933 für seinen Vater gebaut – statt Worten, könnte man sagen, und zwar von beiden Seiten. Ein kleines Zimmer unten, eins unter dem spitzen Dach, im Winter kalt, im Sommer Bäckerhitze; was früher Komfort hieß, Elektrizität und Wasserleitung, kam erst viel später. Nach der Kriegsgefangenschaft im belgischen Bergwerk war er dorthin zurückgegangen. Das Atelier daneben, man sah es am »Flachdach«, stammte aus der Nachkriegszeit; der Name täuscht, man hätte es für eine Garage halten können, wäre nicht das Fenster gewesen, das fast die ganze Breite zum Tal hin einnahm. In der Ecke neben der Tür stand ein einfaches Schreibpult, darüber hatte er seine Art von Votivbildern an die Wand gepinnt, Fotos aus der Zeitung, die Reproduktion einer Seite aus Braques Tagebuch, Dokumente der Einsamkeit. Über dem Bett an der anderen Schmalseite hing ein Entwurf für das *Ulmer Tuch* von 1949, das *Paar*, hier noch in schwarzer Tusche: zwei Köpfe im Profil, einander mit aufgerissenen Augen beschwörend, ein expressionistischer Nahkampf, dem die Nasen zum Opfer gefallen waren. Als er sah, wie ich auf das kleine Bild zuging, nahm er es ab und überreichte es mit einer Tanzstundenverbeugung meiner Frau. Es hängt noch immer über der Tür unseres Zimmers. Der lange Tisch vor dem Fenster, eine über zwei Böcke gelegte Holzplatte, war seine Werkbank oder besser Schild. Was darauf lag, Andrucke, Bücher, Stifte, Zeitschriften aus Frankreich oder Amerika – kein neuer Maler, der »etwas zu sagen hatte«, entging ihm –, all das bildete jedesmal, wenn man heraufkam, eine andere Ordnung, wenn man den Zufall so nennen kann, der ihm zur Hand war. Saß man da mit ihm, mußte man die Aufmerksamkeit zwischen dem Gespräch, so passionierend es war, und dem neuen Holzschnitt teilen, den er zur Begrüßung aufgehängt hatte; in meiner Erinnerung riecht es nach frischer Farbe, nach Kaffee und Zigaretten, ja, und einem Rasierwasser, ich glaube Juchten. Beim Reden schwenkte er gern den angewinkelten Unterarm wie einen Pumpschwengel vor der Brust, man sah, wo die Gestensprache seiner Bilder herkam. Geriet er ins Visionäre, das konnte beim Wein schon vorkommen, so blieb er doch immer der Handwerker, der mit strengen Augen das Maß anlegt. »Il faut le faire«, zitierte er den Bildhauer Zadkine, es klang wie ein Bauernspruch. Ganz selten habe ich ihn bei der Arbeit gesehen, das war nichts für Zuschauer. Es gibt Fotos, natürlich, wie er, über die Platte gebückt, das Messer gleichsam horchend führt, doch in Wirklichkeit zog er einen Kreis um sich, wenn er »am Holz« war. Er glaubte bis zum Schluß daran, daß Kunst »binden und lösen« könne, und so scheute er die Schrecken nicht, die, wenn nicht die Leute, so die »Medien« ihm ins Haus brachten. Es hätte ihn, glaube ich, irritiert, wenn sie einmal ausgeblieben wären. Seine Musen, die, auf die er sich immer verlassen konnte, hießen Mitleid und Empörung.

Wie lange ist das her, 25, 30 Jahre? Ich habe ihn dann erst in der Friedhofskapelle wiedergesehen. Eigentlich ist mir die Sitte, den Toten noch einmal zu betrachten, fremd, doch ich verspürte auf einmal den Wunsch, ihn nicht allein zu lassen. Er lag wie in seinem Garten, Frühlingssträuße überall, in dem offenen Sarg, das Gesicht sah chinesisch aus, ein General oder Weiser. Die Hände mit den violetten Fingernägeln waren auf der Brust gefaltet, sie hätten das Messer halten sollen, das hatte man ihm weggenommen. Der tote Gries wirkte so klein und zart, daß ich mich wunderte, wie ich ihn hatte fürchten können – trotz aller Liebe.

Selbstbildnis im Spiegel · 1970 · Gouache · 50 × 50 cm

Selbstbildnis im Spiegel · 1970 · Gouache · 50 × 50 cm

Grieshabers Maquetten und Probedrucke zu den illustrierten Büchern *

Gunther Thiem

Grieshabers Kunst ist grenzüberschreitend. Er hat das gewollt und gekonnt, wie keiner sonst. Er hat sowohl die Grenze innerhalb Deutschlands immer wieder überschritten als auch die ihm widerwärtige Trennung der Künste unterlaufen. »Die säuberlich museale Einteilung in: hier Malerei für die Wand, dort Graphik für den Schrank, hatte er von jeher als kunstfeindlich empfunden. Es drängte ihn zur Wand über den Holzstock« (Margot Fürst). In der Tat hat er mit seinen monumentalen Holzschnitten – einsetzend mit dem *Ulmer Tuch* von 1951 – die Wände für sich erobert – und die damit gleiche Bewertung von Graphik und Malerei postuliert. »Mit Graphik meint man oft etwas Quantitatives, man glaubt, daß jedem geholfen werden könnte durch ein billigeres Original. Meiner Erfahrung nach liegt die Graphik ganz woanders, irgendwie zwischen der Skulptur und der Malerei« (Grieshaber). Genau das stellt diese Stuttgarter Ausstellung unter Beweis – durch die Malerei in den Maquetten einerseits und die Skulptur der geschnittenen Holzstöcke andererseits.

Maquetten, das sind die eigenhändig hergestellten, gezeichneten und gemalten Modelle zu Büchern, speziell illustrierten Büchern, wie sie Grieshaber mit Leidenschaft und früher Meisterschaft seit 1933 bis in die siebziger Jahre gestaltet hat. Seine künstlerische und moralische Leistung ist, daß er die schon geschwächte Tradition des illustrierten deutschen Buches in einer politisch widerwärtigen Zeit ohne Erfolgsaussichten neu aufgegriffen und, in unserer durch die moderne Technologie für die Bibliophilie tödlichen Zeit, fortgeführt hat. Mit ihm scheint – nicht nur in Deutschland – das mit Originalgraphik illustrierte Buch ausgestorben zu sein. Wohl gäbe es noch Künstler dafür, aber nicht mehr die Maschinen, die unrentabel gewordenen Buchdruckpressen, und damit auch nicht mehr das geschulte Personal.

Die bisher so gut wie unbekannten, aber wohlbehüteten Maquetten und die oft vorliegenden Hand-Probedrucke eröffnen faszinierende Einblicke in den Schaffensprozeß des Malers und Druckers Grieshaber. Der allzu einseitig als Holzschneider abgestempelte Künstler begegnet uns in den Maquetten als Maler vom reinsten Wasser, der – meist ohne Vorzeichnung – seine Bildvorstellungen in Aquarell, Gouache und Pastell Blatt um Blatt aufs Papier setzt. Die Technik der Wasserfarben-Malerei erfordert, was man den sprühenden Entwürfen ansieht: einen blitzschnellen Arbeitsprozeß. Bekannt geworden sind bisher Grieshabers Malbriefe, deren Spontaneität keine Grenzen in Wort und Bild gesetzt waren; anders in den gemalten Maquetten, die ein Konzept zu befolgen haben, wenn auch nicht so eng wie die maßstabsgerechten Entwürfe zu seinen Holzschnitten (solche großen Formats aus seiner Tätigkeit an der Bernsteinschule in den fünfziger Jahren werden einen Höhepunkt dieser Ausstellung bilden). – Die Maquetten zu den Büchern verhalten sich zu den Entwürfen der Holzschnitte etwa wie Miniaturmalerei zu Wandmalerei; beides beherrschte Grieshaber – das Intime wie das Monumentale –, das zu erleben dürfte der Gewinn dieser Ausstellung sein.

Am Anfang gab es nur Bücher *von* Grieshaber, später Bücher *über* Grieshaber und viele *mit* Grieshaber. Die frühen Bücher von Grieshaber sind die durch ihre Seltenheit legendären *Reutlinger Drucke* aus den bedrohlichen Jahren 1933 bis

---

* Eine kleine Geschichte der illustrierten Bücher Grieshabers in ihrem Verhältnis zur gleichzeitigen französischen und deutschen Bibliophilie habe ich in dem Aufsatz: »Grieshabers Ehe mit dem Buch« zu schreiben versucht (Ausstellungskatalog *Grieshaber und das Buch*, Universitätsbibliothek Tübingen 1979, Seiten 15–22). – Dort hat Gerhard Fichtner ein Verzeichnis der *Bücher und Mappenwerke von HAP Grieshaber* zusammengestellt. Hier zitiert als »Fichtner«. – Das auch durch seine vollständige Bebilderung unentbehrliche Buch von Margot Fürst, *Grieshaber – Der Drucker und Holzschneider – Plakate, Flugblätter, Editionen und Akzidentia*, Verlag Gerd Hatje, Stuttgart 1965, wird zitiert als »Fürst«.

1939; in ihnen hat er unter schwierigen Bedingungen alles selbst gemacht – zusammen mit dem erfahrenen Erwin Sautter (1894–1968) als Xylographen, Photographen und Reprotechniker. Aus dessen Besitz konnte die geschlossene Gruppe der *Reutlinger Drucke* von der Graphischen Sammlung der Staatsgalerie Stuttgart mit Hilfe der Lottomittel erworben werden (ein Exemplar des zusammen mit K. Vrieslander 1937 in 18 Exemplaren geschaffenen Holzschnittbandes *The Swabian Alb* befindet sich in der Württembergischen Landesbibliothek Stuttgart). Die Maquetten zu diesen frühesten Drucken scheinen nicht erhalten zu sein, vielleicht hat es sie in so definitiver Form wie später gar nicht gegeben, da Entwurf und Ausführung der wenigen Exemplare Hand in Hand gingen. Es wurden, wie im Falle der beiden Bändchen über die Reutlinger Marienkirche, außer Photos und Reproduktionen eigener und fremder Vorlagen Zeichnungen für die Holzschnitte verwendet. Maquetten, das heißt bündige Anweisungen für fremde Drucker, mußte Grieshaber erst anfertigen, als der Erfolg und mit ihm die erste Publikation über ihn sich einstellte. Das war 1958, als der Tübinger Kunsthistoriker Wilhelm Boeck die erste Monographie über Grieshaber mit einem Werkverzeichnis der Holzschnitte vorbereitete; sie erschien, für die damalige Zeit üppig mit Farbtafeln ausgestattet, 1959 im Verlag Günther Neske, Pfullingen.

Kurz zuvor, im Jahr 1957, als Grieshaber noch die Professur an der Akademie in Karlsruhe innehatte, war ein letztes unter seinen Augen – daher ohne eine Maquette – gedrucktes kleines Buch erschienen: *Poesia typographica* – »gesetzt in der kunstakademie K'ruhe – druck dr. cantzsche druckerei cannstatt – copyright by galerie der spiegel köln«. Das Exemplar Nr. 2 ist Erwin Petermann gewidmet, dem späteren Direktor der Staatsgalerie, er leitete damals deren Graphische Sammlung und war mit Grieshaber befreundet, wie ein jenem Exemplar beiliegender Brief belegt. Dieses Bändchen vermittelt den Esprit des aus Schneidlers Stuttgarter Schule hervorgegangenen und vom holländischen Graphiker Hendrik Nicolaas Werkman begeisterten Typographen Grieshaber; er widmete diesem genialen Drucker der Presse »De Blauwe Schuit«, der als Mann des Widerstands im April 1945 erschossen wurde, 1957/58 eine kongeniale Publikation, *Hommage à Werkman.*

Maquette zu: Wilhelm Boeck, *hap grieshaber, Holzschnitte*, 1958
Buchausgabe: Verlag Günther Neske, Pfullingen 1959. – Fichtner 260, Fürst 133
(Abb. Seiten 30–31)

Es ist das erste Buch über ihn, darum ist der Entwurf des Ganzen, die Maquette, sehr sorgfältig durchgeführt; sie ist durch eine Widmung datiert: »Fertig machen ist kein Weg/nur Anfangen ist begabt! für Margot. Xmas 1958«, dazu Glück- und Segenswünsche in arabischer Schrift und sein Signet des flöteblasenden Pan. Im fertigen Buch erscheinen die Holzschnitte als mechanisch verkleinerte Reproduktionen, nicht so in der Maquette, da hat sie der Künstler fast alle en miniature mit Tusche und Aquarell hineingemalt, aus dem Kopf, aus der Erinnerung, wie es scheint. Denn manchmal hat er das Motiv seitenverkehrt wiedergegeben, zum Beispiel das *Herzauge* von 1939, die Titelfigur eines zauberhaften Leporello-Kinderbuches, mit dem Grieshabers autonomer Flächenstil einsetzt (im Buch Seite 40), oder das duftige Aquarell nach dem Holzschnitt *Chinaware* von 1953 (Seite 205). Die Seitenverkehrtheit verwundert nicht, wenn man bedenkt, daß die ursprüngliche Bildidee durch den Abdruck vom Holzstock spiegelbildlich auf dem Papier erscheint (was der Künstler natürlich weiß und bedenken muß). – Daß die Holzschnitte in der Maquette zu Aquarellen geworden sind, verändert schon ihren Charakter, noch mehr aber der ganz andere Maßstab. Der Künstler hat die Proportionen der Figuren von selbst stimmig im Verhältnis zur Buchseite und dem gegenüberliegenden Bild eingestellt, so daß die ›Mise en page‹ ausgewogen ist. Nicht immer wurde dies bei der Drucklegung des Buches gewahrt, wo man sich für das Layout der Reproduktion bediente und die Seiten oft überfüllte. Dies könnte als Schönheitsfehler ignoriert werden, aber etwas anderes nicht,

Chinaware · 1958 · Aquarell · 23,5 × 20,5 cm · In: Maquette zu *hap grieshaber, Holzschnitte*

Herbst · 1958 · Aquarell · 23,5 × 20,5 cm · In: Maquette zu *hap grieshaber, Holzschnitte*

wodurch die Maquette ihrer Sprengkraft beraubt wurde: Man hat sie – und sei es auch mit Einwilligung des Künstlers – auf die dreifache Seitenzahl gestreckt, um den Text zusätzlich in Französisch und Englisch abzudrucken.

Die Maquette hat die Faszination des Spontanen und Einmaligen. In die Flächigkeit und Festigkeit der zugrundeliegenden Holzschnitte kommt Bewegung und Raumhaltigkeit; durch ihre Wiedergabe als transluzide Aquarelle ohne Vorzeichnung und Kontur sind sie in eine andere Dimension, gleichsam in eine neue Freiheit entlassen. Das trifft besonders auf die schon oben genannte schwebende Komposition *Chinaware* und auf die Metamorphose der spätesten Fassung des Holzschnitts *Herbst* von 1958 zu (im Buch Seite 243): Das Aquarell läßt die Kompartimente des Drucks in zarten Übergängen verschwinden und gewinnt an Tiefe. Schwarze Figurationen schweben als Metaphern der Vergänglichkeit über verwehenden karmin- und weinroten Tupfen (der Franzose Manessier, ein Zeitgenosse, hat diese Art des vergitterten Durchblicks dramatisiert). Nur mehr das Leitmotiv verbindet das Aquarell mit seinem Vorbild, dem Holzschnitt; von Grieshaber als Maler verwandelt, erklingt er wie in einer anderen Tonart neu.

Das Einzigartige dieser Maquette liegt darin, daß sie ein nicht wiederkehrender Sonderfall ist: eine gemalte Retrospektive des eigenen Holzschnittwerkes.

Maquette und Probedrucke zu: *Affen und Alphabete*, 1962
Buchausgabe als Leporello: Manus Presse, Stuttgart 1962
Fichtner 19, Fürst 204
(Abb. Seiten 33–35)

Grenzüberschreitend wie Grieshabers Person und Kunst – es war davon in den einleitenden Sätzen die Rede – ist auch sein Begriff vom illustrierten Buch. Er hat nie einer elitären Bibliophilie gehuldigt, sondern einfache Druckwerke so liebevoll konzipiert wie kostbare. Nach den in Not geborenen *Reutlinger Drucken* der dreißiger Jahre bezeugen das in den sechziger Jahren flugblattartige Hefte wie die *Engel der Geschichte*, *Xylon* und *Spektrum.* Und so wie er das schöne Leben liebte und im ockerfarbenen Lederanzug zu einer Lesung erscheinen konnte, hat er gleichzeitig auch aufwendigen Mappenwerken seine Meisterschaft nicht versagt. – Mit fünfzig Jahren hat Grieshaber die Bürde seines Lehramtes in Karlsruhe abgeworfen – und wie befreit folgt eine bibliophile Edition der anderen, ganz zu schweigen von seiner ausgreifenden anderweitigen Tätigkeit. Aus der Abgeschiedenheit der Achalm öffnet er sich die Welt. Der neue Elan ist offensichtlich in *Dem Feuervogel* von 1961. Das tänzerische Element wird das Seine zu der Gelöstheit der Entwürfe für Bühnenbild und Entwürfe von Strawinskys Ballett beigetragen haben. Die Verbindung der Figurinen mit den kyrillischen Schriftzeichen ist Blatt für Blatt geglückt (Josua Reichert erprobte sich dabei als Typograph). Dieser Beschwingtheit und Grieshabers Humor ist 1962 der 18mal gefaltete Leporello *Affen und Alphabete* entsprungen, im Gewand des Possierlichen steckt da Bekenntnis und Lebenserfahrung. Das geht besonders aus der Maquette und dem dort ablesbaren Gestaltungsprozeß hervor. Am Anfang steht in heller und dunkler Tusche das springlebendige *Affenschrift*-Blatt, das sich als ein in sechs Reihen konzertierendes Affen-Ensemble entpuppt. Danach durchziehen den Leporello im Wechsel mit den Affen etwas ›verrückte‹ Drucke von Holzbuchstaben: »Prüfungsarbeiten von Bewerbern für das künstlerische Lehramt an höheren Schulen entnommen«, wie Grieshaber mitteilt; der darin verhüllte Sarkasmus enthüllt sich spätestens am Schluß mit dem Abdruck eines Bekenntnisses von William Morris (1834–1896), dem Erneuerer der Buchkunst in England, zu der Schönheit der Inkunabeln, was zugleich ein Bekenntnis Grieshabers zu ihm bedeutet.

Von der zumeist melancholisch erscheinenden Affenfamilie ist nur der »Vater« frohgemut, er schwingt einen Zweig über dem Kopf und ist als Halbfigur dargestellt; sie zeigt einen Zusammenhang mit dem 1960 von Grieshabers Schüler Horst Antes erfundenen einäugigen »Kopffüßler«. Seiner Gestalt liegt, wie fast allen Figuren der Maquette, ein angefangener Holzschnitt-Andruck zugrunde, der mit

Affenschrift-Blatt · 1962 · Tusche · 44,8 × 33 cm · In: Maquette zu *Affen und Alphabete*

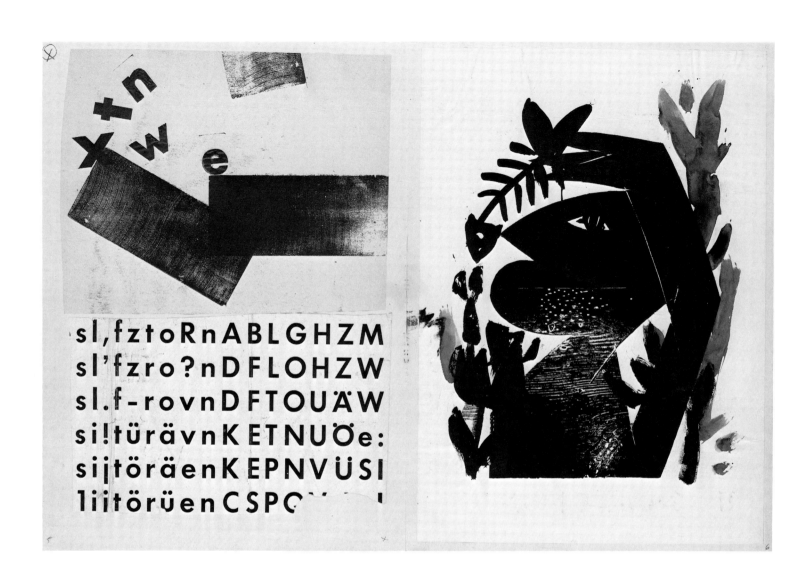

Affenvater · 1962 · Holzschnitt, übermalt · 45 × 66 cm · In: Maquette zu *Affen und Alphabete*

Nicht sehen · 1962 · Holzschnitt, übermalt · 45 × 66 cm · In: Maquette zu *Affen und Alphabete*

Tusche ergänzt und überarbeitet ist. Den Höhepunkt der Folge bilden jene drei chinesischen Affen, die die Weisheiten *Nicht sprechen, Nicht hören, Nicht sehen* verkörpern. Anders als im gedruckten Leporello ist der ›Nicht-Sprechende‹ in der Maquette gestaltet: er ist ganz auf das Gesicht und die beschwörende Kraft der Augen konzentriert, ihr Anblick macht sprachlos; während das ›Nicht-Sehen‹ seinen vollendeten Ausdruck in der monolithischen Gesamtfigur eines vollkommen in sich gekehrten Affen findet. Gewiß haben die Gebärden des Affen Peggy, den sich Grieshaber mit anderem exotischen Getier auf der Achalm hielt, zu dieser Vielgestaltigkeit menschenähnlicher Verhaltensweisen beigetragen. – Zu der gesamten Folge liegen die Probedrucke vor, die der Kenner trotz oder gerade wegen ihrer bräunlichen Ölränder zu schätzen weiß; diese bilden gleichsam einen Hof um die dadurch stärker hervortretenden tiefschwarzen Druckformen.

Bei dem Stichwort ›tiefschwarz‹ ist es an der Zeit, sich einer wegen ihrer geringen Auflage viel zu wenig bekannten, schwarzen Holzschnittfolge Grieshabers von 1959 zu erinnern, die als der komplexere Vorläufer von *Affen und Alphabete* anzusprechen ist: *Dunkle Welt der Tiere*, zehn Holzschnitte von je zwei Schwarzplatten, Edition Rothe, Heidelberg 1960, in 35 Exemplaren (Verzeichnis Rothe im Anschluß an W. Boeck: Nr. 328–337). Wie in dem Titel und der Thematik der Blätter anklingt (*Tiermadonna, Vogelmensch*), geht es dort um jenen legendären Dialog zwischen Mensch und Tier, wie er in der Kunst des 20. Jahrhunderts bei Franz Marc in den *Tierschicksalen* (1914), bei Willi Baumeister im *Gilgamesch*-Zyklus (1943), bei Pablo Picasso in *Guernica* (1937) und bei Joseph Beuys in Tierzeichnungen und -objekten beschworen wird; das Tier als »Modell für Existenz, mythischer Wächter und erweitertes Ich: eine Formel kreatürlichen und kreativen Lebens« (F. J. van der Grinten im Ausstellungskatalog: *Joseph Beuys, Tiere*, Mittelrhein-Museum Koblenz 1984).

Entwürfe und Probedrucke zu: *Sieben Engel*, 1962
Buchausgabe: Manus Presse, Stuttgart 1962. – Fichtner 21, Fürst 200
(Abb. Seiten 38–39)

Der verrückten Welt in *Affen und Alphabete* hat der Künstler im gleichen Jahr die ›heile Welt‹ in Gestalt von sieben Engeln zur Seite gestellt – begleitet von einem frühkeltischen Regenbogen-Gebet und Texten aus einer Lutherbibel von 1667. Die Entwürfe in Aquarell und Gouache lodern im Dreiklang von Orange, Krapplack und Gold, sei es, daß die Engel als Beschützer auftreten oder als Verkünder der Apokalypse mit Trompeten. – Es ist erstaunlich, daß die Probedrucke den Entwürfen hier an Intensität nicht nachstehen; im kleineren Format war eine adäquate Umsetzung der malerischen Qualitäten in die graphische Form möglich. Die Endstufe bilden dann die Auflagendrucke, auf denen die Engel frei vor dem Grunde stehen, das heißt, ohne die oft ungewollt mitdruckenden Randzonen des Holzstocks, die das Merkmal und den Reiz von Probedrucken ausmachen.

Auf Bedeutung und Funktion der in Grieshabers Werk immer wiederkehrenden Engel und ihre uralte Tradition ist hier nicht einzugehen. Margot Fürst hat in dem mit Willem Sandberg gestalteten Buch *Grieshaber – Der betroffene Zeitgenosse* (Verlag Gerd Hatje, Stuttgart 1978) damit einen Anfang gemacht und Grieshabers Engel-Ikonographie vom *Schutzengel* des Jahres 1934 bis zu den vielfältigen Aktivitäten der *Engel der Geschichte* verfolgt (vgl. Seite 229). Zu den letzteren äußerte sich Grieshaber 1973: »Jeder Engel hatte, bevor er erschienen ist, etwas Wichtiges zu tun: gegen ein Unrecht anzugehen, kurz, wie es sich für Engel geziemt, den Tod zu besiegen« (Seite 108). – In seiner Laudatio auf Grieshaber als den »Ersten Dürer-Preisträger der Stadt Nürnberg 1971« hat Kurt Martin den Dichter Rainer Maria Rilke zitiert: »In zahlreichen Holzschnitten möchte dieses ›stärkere Dasein‹, wie es Rilke genannt hat, in seiner menschenähnlichen Gestalt verständlich werden.«

Maquette zu: Margot Fürst, *HAP Grieshaber der Holzschneider*, 1963,
mit den Probedrucken zu dem sechsteiligen Zyklus: »The Lord's black nightingale gewidmet«
Buchausgabe: Verlag Gerd Hatje, Stuttgart 1964. – Fichtner 25, Fürst 238

Für diesen hervorragend gedruckten Bildband hatte sich Grieshaber als Maquette einen sogenannten Blindband herstellen lassen, der die vorgesehene Anzahl von Seiten als Leerseiten enthält. Das Vorsatzblatt entwarf er in Farbstiften und Aquarell, es kam nicht zur Ausführung; auf die nächste Seite schrieb er großzügig in Rotstift: »Grieshaber bei Hatje«, dann – nach 62 Leerseiten – kommt der Clou dieser Maquette, ein ›Sesam öffne Dich!‹: sechs in aufklappbaren Doppeltafeln versteckte Farbholzschnitte zu Ehren der berühmten schwarzen Gospel-Sängerin Mahalia Jackson (1911–1972). Es liegt hier eine der beiden Serien der von Hand abgezogenen Probedrucke vor, sie strahlen eine so körperhafte Farbigkeit aus, daß man meint, sie seien gemalt – und sie sind auch zusätzlich aquarelliert und monotypieartig in reicheren Farbsätzen gedruckt, als es in der Auflage möglich war. Damit die sechs eingeklappten Doppeltafeln außen nicht leer bleiben, hatte Grieshaber vorgesehen, sie mit schwarzen Holzschnitten, zumeist Tieren, bedrucken zu lassen, gleichsam Wächtern des Verborgenen. Hier in der Maquette sind sie alle mit dem modellierenden Tuschpinsel gemalt und dadurch zu Neuschöpfungen gegenüber den älteren Holzschnittvorlagen geworden; im Buch wurde die ›Schatzwächteridee‹ aufgegeben und die schwarzen Holzschnitte zwischen die Klapptafeln eingeschaltet. Auf dem ersten Tuschblatt steht Widmung und Datum der so einfallsreichen Maquette mit ihren bestechenden Probedrucken: »Für eine schwarze Nachtigall alles vom Stock gedruckt – 1-X-63.«

Skizzenbüchlein und Maquette zu: *Osterritt 63*
Buchausgabe: Galerie der Spiegel, Köln 1964. – Fichtner 26, Fürst 236
(Abb. Seiten 41–43)

Daß zu einem illustrierten Buch, hier zutreffender: zu einem Bilderzyklus, nicht allein die akkuraten Bleistift- und Farbstiftzeichnungen, Aquarelle und Gouachen der Maquette vorliegen, sondern auch noch ein kurioses Skizzenbuch, ist ein Sonderfall, man darf sagen: ein Glücksfall. Der geistesgegenwärtige Künstler steckte, als er 1963 den Entschluß zum »Osterritt« in seine oberschwäbische Heimat faßte, in die Satteltaschen seiner Islandstute »Skizzenbuch, Rasierzeug und Zahnbürste«. Als Skizzenbuch nahm er in der Eile des Aufbruchs ein im Juli 1958 angefangenes Tagebuch (Format 16 × 14 cm) seiner älteren Tochter Nani, das er später seiner jüngeren Tochter Ricca übergab, die es mit Farbstiftzeichnungen aus dem Tierpark, der einst die Achalm so anziehend für Zaungäste machte, weiterführte (von ihrer Hand erscheint dort der obenerwähnte Affe Peggy, das Schwein Nug-Nug, dessen Geschichte ein *Spektrum*-Heft füllte, und jene Stute namens Sweina). Auf dem Innendeckel dieses ›Familienunternehmens‹ steht Grieshabers chiffrierte Widmung: ein G mit einbeschriebenem M und das Datum 24-XII-63, dazu auf dem ersten Blatt: »Osterritt«. In der gleichen Weise zugeeignet ist die bilderreiche Maquette, die am Schluß einige nicht in die Folge aufgenommene Motive enthält; in ihr fehlen auch noch die den Ton der Illustrationen treffenden Texte der Frau des Künstlers, der Malerin und Schriftstellerin Riccarda Gregor-Grieshaber.
Der Charme der Bilder und der Geschichten vom *Osterritt* liegt im Gleichklang ihrer Naivität; besonders ausgeprägt ist diese im Skizzenbuch mit der Buntheit seiner Farbstifte und der Direktheit der Formfindung. Der naive Stil ist einerseits dem Thema dieser »Reise in die Vergangenheit« des Kindes Helmut Andreas Paul Grieshaber angemessen, andererseits – was für uns noch in dem Wort »Osterritt« mitschwingt – dessen Tradition als Volksbrauch. »Das Osterreiten ist in kirchlicher und weltlicher Form bekannt. In den Donauländern versammelten sich die Burschen mit gezierten Pferden an einer Kapelle, um einen jedes Jahr neu bestimmten Flurteil zu umreiten und den Segen vom Priester zu empfangen« (*Wör-

Engel im Sturm · 1962 · Gouache · 22,8 × 16,5 cm · In: Maquette zu *Sieben Engel*

Engel im Sturm · 1962 · Probedruck · 23,3 × 16,7 cm · In: Maquette zu *Sieben Engel*

terbuch der deutschen Volkskunde, Stuttgart 1955). – Außerdem dürfte den Künstler in seiner Zeichenweise, die sich völlig der Intuition überläßt, motiviert haben, daß er das Tagebuch eines Kindes als Skizzenbuch benutzte. Einmal staunt man über die Könnerschaft, mit der eine luftige Landschaft auf einer Doppelseite aquarelliert ist, ein anderes Mal über die kindlich anmutende Primitivität, mit der in rot-grünen Farbstiften die Hauptakteure einer Messe im Kloster Siessen umrissen werden, während auf der anderen Seite ein Reiter zu sehen ist, der wie befreit die Arme hochwirft (im Text heißt es dazu: nach dreitägigem Verweilen im Kloster bestieg Grieshaber wieder »sein mit Blumen geschmücktes Pferd«).

Die Maquette hat bei aller Fröhlichkeit einen sonoren Klang; es wechseln da die heiteren Farben der österlichen Landschaft mit dem Schwarz der Nonnen, das kontrapunktisch die ganze Folge durchläuft. Aber auch das Makabre fehlt nicht: in Gestalt der mit golddurchwirkten und perlenbestickten Gewändern unter den Altären in gläsernen Särgen sichtbaren Skelette der Heiligen; sie haben den Künstler zu einer tiefglühenden Malerei in giftigem Grün und flackerndem Rosa inspiriert.

Die Maquetten zu *Spektrum Nr. 25* und *Xylon 8*, 1964
Fichtner 108 und 23, Fürst 233 und 254
(Abb. Seiten 44–45)

Wer handgreiflich und handwerklich sehen, fühlen, fassen möchte, was eine Maquette und speziell eine ›hausgemachte‹ von Grieshaber auf der Achalm ist, der müßte diese beiden aus rohen Papierbogen gefalteten, mit viel Tusche, Kohle und einigen Farben attackierten Bogen in die Hand nehmen können – und dabei schwarze Finger bekommen; so sehr haftet ihnen die Lust des Hervorbringens noch an, daß man glaubt, soeben Zeuge ihrer Schöpfung gewesen zu sein. Alles, was sich da in Wort und Bild zum Lob eines *Vietnamesischen Hängebauchschweins* (in *Spektrum*) und zum *Lob des Holzschneiders* (in *Xylon*) abspielt, ist von enormer Präsenz. Das Schwein wurde *Nuc-Nuc* getauft und gab, da es aus dem umkämpften Vietnam stammte, Grieshaber Denkanstöße, die er in einem säuberlich korrigierten Text – der jedem Essayisten Ehre machen würde – niederschrieb. In der gemalten Maquette ertrinkt die Form des Tieres fast in den vereinten Schwärzen von Tusche und Kohle, darum wirkt in ihr alles bedrohlicher als in den danach geschaffenen Holzschnitten mit ihrer notwendigen Trennung von Schwarz und Weiß. Im gedruckten *Spektrum* ist *Nuc-Nuc* von einem Gartenzaun mit Vögeln umhegt, während sich dessen spitze Zaunlatten in der Maquette wie gegen das friedliche Tier gerichtete Lanzen ausnehmen (womit der aktuelle politische Background angespielt ist).

Auf den zu 8 Seiten gefalteten zwei Bogen der Holzschnittzeitung *Xylon* vollzieht sich die Entstehung eines Holzschnitts wie ein Akt himmlischer und irdischer Mächte. Man wird an ein mittelalterliches Dedikationsbild erinnert, wenn auf dem doppelseitigen Hauptblatt ein schwebender Engel dem bestürzten Druckervolk das sonnenhafte Werk überreicht, während der Mann an der Hebelpresse sich zum Handstand aufschwingt. Die Turbulenz dieses Schöpfungsaktes steigert sich durch die körperhafte Modellierung der getuschten Maquette. Der auf der Titelseite rustikal erscheinende Holzschneider wird durch magischen Zauber zum Bildermacher – wie auf Bildern von Chagall. »Seine Kunst hat meine Entwicklung lange beherrscht.« ... »Ja, ich möchte fast sagen, die wundersame Welt von Chagall hat mich manches lieben gelehrt, was mir schon immer nahe lag, zum Beispiel, wie schwankend die Dinge sein dürfen« (vgl. den vollständigen Text Grieshabers hier auf Seite 238).

Farbstiftzeichnung und Aquarell · 1963 · Je 16,2 × 28 cm · In: Skizzenbüchlein zu *Osterritt*

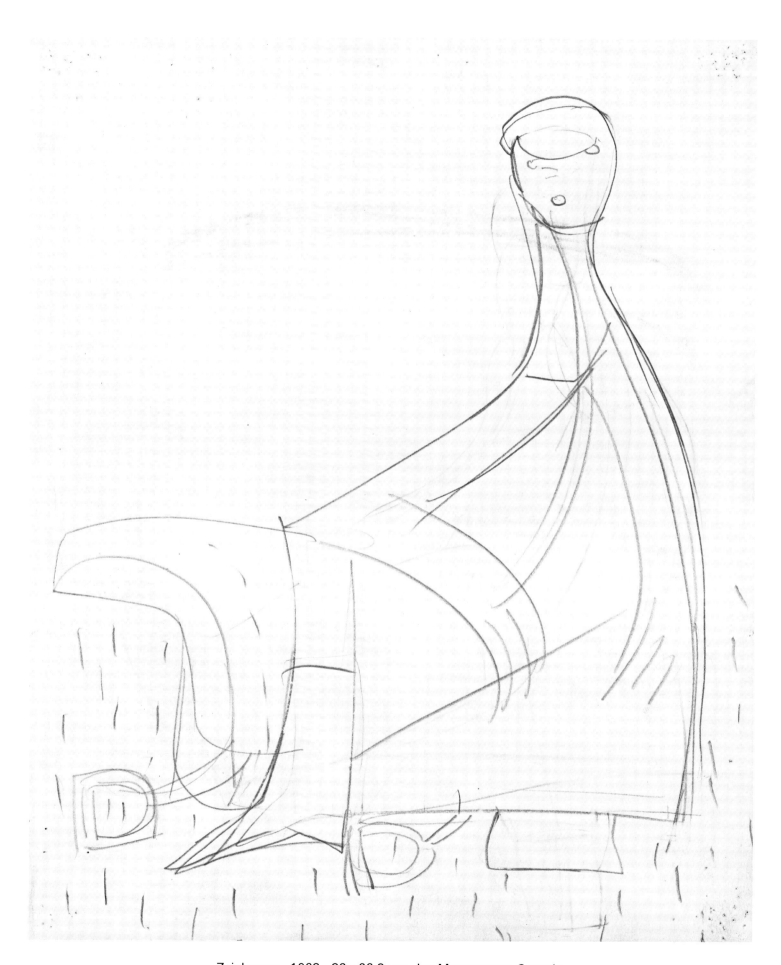

Zeichnung · 1963 · 32 × 26,8 cm · In: Maquette zu *Osterritt*

Gouache · 1963 · 31,9 × 26,8 cm · In: Maquette zu *Osterritt*

Vietnamesisches Hängebauchschwein – Sturzflug · 1964 · Gouache · 45 × 62 cm · In: Maquette zu *Spektrum Nr. 25*

Lob des Holzschneiders · 1964 · Gouache · 49,5 × 70 cm · In: Maquette zu *Xylon 8*

Maquette zu: *Der Große Garten Herrenhausen*, 1965
Buchausgabe: Fackelträger-Verlag, Hannover 1965. – Fichtner 33
(Abb. Seite 47)

Der Titel des Buches täuscht über seinen Inhalt, jedenfalls was Grieshabers Anteil betrifft. Die streng geometrische Anlage des Gartens dieser barocken Residenz des Welfenhauses war ihm fremd, vermutlich hat er sie nie betreten, aber dennoch den Auftrag angenommen, die verwinkelten Boskett und Hecken dieser ungestört erhaltenen holländischen Gartenarchitektur vor den Toren Hannovers mit Figuren des höfischen Theaters, insbesondere der Commedia dell'arte zu beleben. Dazu verfertigte der Photographiker Schwöbel von den kulissenartigen Hecken abstrahierende Ausschnitte in differenzierten Grautönen, die neutralisierend zwischen die Farbholzschnitte der Figurinen eingeschaltet wurden. Diese haben weniger die ballettartige Beschwingtheit jener leichtfüßigen Gebilde, die der Künstler 1961 zum *Feuervogel* Strawinskys erfunden hatte, sondern sind kapriziöse Inkarnationen aus dem Geiste Shakespeares, Lope de Vegas, Molières und Goldonis; schade, daß nach ihnen keine Kostüme geschneidert wurden. In der Maquette hatte sich Grieshaber die Namen der Autoren und ihrer Stücke säuberlich aufgeschrieben, im Buch findet sich nur eine Liste der dargestellten Personen, sie müssen gleichsam als Reizwörter der Phantasie des Betrachters genügen.

Der Einband des Buches stimmt auf die klassische Ordnung der Anlage des Gartens ein – und ironisiert sie zugleich: Grieshaber verwendete dafür, wie an der Maquette festzustellen ist, ein Einwickelpapier mit einem klassizistischen Motiv, dem Rapport eines Greifenpaares, das er durch Übermalung in Bulldoggen verwandelte. Als Frontispiz erfand er eine aus dem Dunkel auftauchende, in großen Zügen hell konturierte Gottheit mit zwei Fackeln – als Verlagssignet geeignet (Fackelträger-Verlag). Auf dem Titelblatt erscheint als eigene Personifizierung der flöteblasende Pan; er eröffnet den Reigen der Figurinen, die mit der scheinbaren Mühelosigkeit eines Bühnenauftritts in Aquarell frei auf das kostbare Roma-Büttenpapier gesetzt sind, dazwischen je ein Blatt mit Heckenarchitektur. Dafür – und das ist erstaunlich – verwendete der Künstler nicht Schwöbels Photographiken, sondern er machte nach ihnen freie Tuschpinselzeichnungen, obwohl sie für die Publikation wertlos waren.

Beim Entwurf der spontan aquarellierten Figurinen (nur der *Pantaleone* ist vorskizziert) hat Grieshaber einmal einen höchst originellen Weg beschritten; er blieb ein Einzelfall, der als Holzschnitt im Auflagendruck wohl nicht realisiert werden und deshalb nicht in das Buch aufgenommen werden konnte: es handelt sich um das Paar *Francischina und Scarramuzzia* (Abb. Seite 47), das im Buch in zwei getrennten, abgeänderten Figuren, einer roten und einer grünen, erscheint, in der Maquette aber vereint ist. Zur Geschichte seiner Entstehung muß man wissen, daß zu jener Zeit bei Grieshabers ein neues Klavier angeliefert und das alte ausgeschlachtet wurde, weil bekanntlich einem Künstler gerade das Verworfene zum besten dienen kann. Und das waren die anschlagenden Hämmerchen ebenso wie die Dämpferarme, die Grieshaber an Knöchelchen denken ließen und darum beim gleichzeitigen Holzschnitt *Tod und Drucker*, dem Vorläufer des *Totentanzes von Basel*, Verwendung fanden. Mit diesen entlehnten Druckformen erfand er für das oben genannte Paar zwei Muster, ein linkes aus einer Serie von Hämmerchen, die er abwechselnd in Rot und Grün druckte, und ein rechtes, locker gruppiert aus Dämpferarmen, ebenfalls in Rot-Grün gedruckt. Diesen zwei anscheinend beziehungslosen Mustern hauchte er Leben ein, indem er sie mit Aquarellfarben zu einem Figurenpaar ergänzte. So wurde aus den ›objets trouvés‹ des Klaviers ein Bild, das nur in dieser Form als Unikat existiert. – Als Schlußpunkt der Figurinen im *Großen Garten Herrenhausen* präsentiert sich dem Betrachter der Maquette die mit ihrer Üppigkeit kokettierende *Gian Farina*, ein in Rot-Grün-Blau und Schwarz funkelndes Aquarell, das im Holzschnitt als vereinfachter Schwarz-Blau-Kontrast fortlebt.

Wie schon mit den Figurinen zu Strawinskys *Feuervogel*-Ballett hat Grieshaber mit diesen zur Commedia dell'arte eine europäische Tradition aufgenommen, die

Aus der Maquette zu *Der Große Garten Herrenhausen* · 1965 · Holzschnitt, übermalt · 33,5 × 24,2 cm

Die Füße des Donners · Die Schildkröte · 1965 · Farbholzschnitte · Je 39 × 28,4 cm
In: Pablo Neruda, *Die Höhen von Macchu Picchu*

in unserem Jahrhundert durch hervorragende Künstler verjüngt wurde, davon seien hier vier weitere genannt: die Figurinen von Malewitsch (1913) zu Krutschonychs Oper *Der Sieg über die Sonne* sowie El Lissitzkys Figurinenmappe dazu (1923), die Figurinen Picassos für Diaghilews Ballett *Parade* in Rom (1917) und Oskar Schlemmers *Triadisches Ballett* (1920/22).

Probedrucke zu: Pablo Neruda, *Die Höhen von Macchu Picchu*, 1965
Buchausgabe: Hoffmann und Campe, Hamburg 1965. – Fichtner 111
(Abb. Seite 48)

In der Einführung dieser ersten Würdigung von Grieshabers Maquetten und Probedrucken zu seinen illustrierten Büchern war davon die Rede, man könne diese einteilen in Bücher *von* ihm (das sind die ersten und immer ganz von ihm gestalteten), Bücher *über* ihn (wie das von Boeck und der Stuttgarter Katalog zu seinem 60. Geburtstag) und Bücher *mit* ihm, wie das vorliegende, wo andere das – sehr noble, konservative – Layout besorgten und er seine Rolle selbst zu bestimmen hatte; er hat das hier souverän und doch einfühlend vermocht, indem er imaginative Gestalten Nerudas, des chilenischen Dichters und Diplomaten (1904–1973), in seiner Bildersprache nachempfand, einer wahlverwandten, einer kongenialen wird man sagen dürfen.
Der Einband der Mappe mit den Probedrucken ist origineller als der mit einer Schildkröte verzierte der Buchausgabe; er hat etwas Kultisches: Aus zartfarbigen Seidenpapieren sind ihm zwei Figuren mit erhobenen Armen, also Adoranten appliziert, die ebenso wie die umrahmenden Blumenranken mit der Schere ausgeschnitten und mit Kreuzstichen fixiert wurden. Die Probedrucke unterscheiden sich formal nicht von den Auflagedrucken und sind doch etwas anderes durch ihre Licht- und Raumhaltigkeit. Entscheidend ist, daß die zwei Hauptfarben, helles Blau und Braun, sich in der Auflage als opake Schichten abdecken, während sie sich in den Probedrucken transparent durchdringen. Dabei ist der Sachverhalt einfach: Wird eine Farbe auf das ungesättigte, saugende Papier gedruckt, so bekommt sie einen kräftigeren Ton, wird sie aber zart über eine schon vorhandene Farbe gedruckt, so färbt sie weniger ab und wird durchscheinend hell – das ist fast ein Gleichnis für eine ideale Verbindung, bei der jeder jeweils eine neue Konsistenz und Transparenz erlangt. Hinzu kommt die Kraft des gedruckten Reliefs, die hier die Präsenz des Übermenschlichen erhöht – sei es des Mannes mit dem Gewand aus Sand oder des Mannes mit den Füßen des Donners. Solche Probedrucke sind Sternstunden der graphischen Kunst, sie bezeugen Grieshabers Antwort, warum er nicht Maler geworden sei: »Ich sag's mit Drucken.«

Maquette zu Carl Orffs *Carmina Burana*, 1965
Buchausgabe: Manus Presse, Stuttgart 1965. – Fichtner 113, Fürst 271
(Abb. Seiten 50–51)

Absolute Malerei, die vergessen läßt, daß sie von einem als Holzschneider gerühmten Künstler stammt, zeichnet diese in einem handbemalten Sackleinenschuber bewahrte Maquette zu den von Carl Orff vertonten *Carmina Burana* aus; es sind deutsche und lateinische Vagantenlieder aus einer illuminierten bayrischen Handschrift des frühen 13. Jahrhunderts; ihre Unbekümmertheit muß so recht nach dem Herzen des Künstlers und gewiß auch des Komponisten gewesen sein. Zusammen mit Einband, Papier, Druck und Ausstattung ist ein ideales Gesamtkunstwerk entstanden. Bei den ganzseitigen Bildern der großformatigen Maquette überließ sich Grieshaber weithin seiner malerischen Intuition, sie sind ohne Vorzeichnung; daß sie für die Mappe ins Medium des Holzschnitts übersetzt werden mußten, durfte er vergessen, weil er selbst dieses Kunststück zu vollbringen hatte.
Im Entwurf zu *Floret silva* (es blüht der Wald) frappiert die Freiheit der aufgewühlten, gleich wie das Waldesinnere undurchdringlichen Malerei, die dann im heral-

Floret silva · 1965 · Gouache · 57,5 × 38,3 cm · In: Maquette zu Carl Orffs *Carmina Burana*

Uf dem Anger II · 1965 · Gouache · 57,5 × 37,5 cm · In: Maquette zu Carl Orffs *Carmina Burana*

disch geprägten Holzschnitt zum Dreiklang Schwarz-Grün-Ocker abgeklärt wurde. Hingegen ist der Entwurf des Paares *Uf dem Anger II* holzschnittgerecht, graphisch konzipiert: Die Figuren und der Baum stehen frei vor dem hellen Grund. Daß in der zügigen Malerei alles mehr gerundet ist, als es im Schnitt des Messers möglich ist – und vielleicht auch nicht gewollt wird –, versteht sich. – So beschwingt wie diese Lieder fahrender Gesellen sind die Entwürfe, sie haben etwas erfrischend Barbarisches. – Besonders schön ist das in die Kassette eingeklebte Vorsatzblatt des *Waldes*, das es in zwei Ausführungen gibt: einmal malerisch in sattem Blau und hellem Oliv, wie es gedruckt wurde, und einmal graphisch linear in schwarzgrauer Kreide, aus der wie beim Sgraffito die Binnenzeichnung hell herausgekratzt wurde.

Die Entwürfe zum *Totentanz von Basel*, 1965
Buchausgabe der Holzschnitte im Verlag der Kunst, Dresden 1966
Fichtner 42
(Abb. Seiten 54–55, 58–59)

»Man wird sehen, daß das ein Maler war« (eines der letzten Worte Grieshabers).

In Zukunft wird man bei Grieshabers *Totentanz von Basel* nicht allein von der in 3000 Exemplaren gedruckten Holzschnitt-Fassung sprechen müssen, sondern auch von den Entwürfen, die im Jahre 1982 aus der Verborgenheit des Nachlasses auftauchten, von der Staatsgalerie Stuttgart aus Lottomitteln erworben und sogleich als Faksimiles beim Verlag Gerd Hatje mit einer Einführung von Wolf Schön publiziert wurden. Denn die beiden Fassungen sind nicht bloß im Material anders, sondern auch im Geist. Grieshaber, der zeitlebens in der Spannung zwischen malerischer Intuition und graphischer Produktion stand, hat das in die Worte gekleidet: »Die Skizzen für das Buch sind fertig. Ich will sehen, was das einzelne Blatt davon behält«.
Diese ›Skizzen‹, 41 ideenreich und sorgfältig durchgeführte Entwürfe, entstanden im letzten Viertel des Jahres 1965. Vorausgegangen waren die Figurinen zum *Großen Garten Herrenhausen*, die Illustrationen zu Orffs *Carmina Burana* und zu Nerudas *Höhen von Macchu Picchu* – eine gewaltige Arbeitsleistung allein auf dem Felde der Buchkunst – sowohl als entwerfender Zeichner und Maler wie als Holzschneider und als Drucker der Probeabzüge, das alles im Einmannbetrieb –, von der geistigen Aneignung und Bewältigung so vieler und verschiedenartiger Stoffe ganz zu schweigen! Der *Totentanz von Basel* ist nicht nur Grieshabers größtes graphisches Projekt in Buchform, sondern auch das populärste. Es war ein de facto grenzüberschreitendes Projekt: Er hat es in Leipzig drucken lassen und dort, in der DDR, zur Herbstmesse 1966 sowie fast gleichzeitig in Essen, in der Bundesrepublik, zur Jahresausstellung des Deutschen Künstlerbundes der Öffentlichkeit übergeben.
Über die Entstehung der Drucke und des Buches ist man durch den aus Stuttgart gebürtigen Lektor des Verlags der Kunst in Dresden, Rudolf Mayer, gut unterrichtet: durch ein Nachwort in der Buchausgabe und durch einen Bericht im Stuttgarter Ausstellungskatalog *grieshaber 60* von 1969, Seite 26 ff., außerdem schrieb der erste Grieshaber-Biograph Wilhelm Boeck das Vorwort zur Buchausgabe. Als Kunsthistoriker kam er zu der bemerkenswerten Feststellung, daß Grieshabers Ausgangspunkt, der Totentanz aus der Mitte des 15. Jahrhunderts an der Friedhofsmauer des Basler Dominikanerklosters, den Merian 1621 in Stichen festhielt (in Buchform in der Graphischen Sammlung der Staatsgalerie Stuttgart), einen nächtlichen Reigen schon Verstorbener darstellte, deren arme Seelen keine Ruhe finden konnten. Grieshaber hingegen »kehrt zum geschichtlichen Bild des Todes zurück«, der uns unverhofft entgegentritt und abruft. – Das trifft aber so ausschließlich nur auf die Holzschnitte zu, nicht auf die Entwürfe, die Boeck nicht gekannt haben dürfte. Ferner erfährt man die genaue Entstehungszeit der Holzschnitte: 24.12.65 bis 13.6.66 – und die aufschlußreiche Tatsache, daß der Künstler nicht

mit dem ersten Blatt der Folge, dem *Papst*, zu schneiden begonnen hat, sondern mit dem Schlußbild, dem *Maler* vor der weißen Leinwand, die es wie den Tod zu bezwingen gilt. Und dann wurde es ihm »immer schwerer, jede Woche einen Tod zu überwinden«, zumal er wegen der obenerwähnten deutsch-deutschen Regie unter Zeitdruck geraten war.

Die Entwürfe zum *Totentanz* sollten trotz oder gerade wegen der Faksimile-Reproduktion Gegenstand einer genaueren Untersuchung werden; vor allem, weil man dort Grieshaber als – auch technisch erfindungsreichen – Maler fassen kann. Wolf Schön hat in seiner Einleitung die Weite des Feldes abgesteckt, er hat die Philosophie und Psychologie dieses Künstlers, der sich der konventionellen Staffeleimalerei auf Leinwand verweigerte, auszuloten versucht, ohne sich auf Einzelheiten und einen Vergleich mit den Holzschnitten einzulassen. Damit soll hier ein Anfang gemacht werden, um im Sinne Grieshabers zu sehen, »was das einzelne Blatt davon behält«. Es soll dabei nicht eines gegen das andere ausgespielt werden, ebensowenig wie man in einer Ausstellung Entwürfe und Holzschnitte des Totentanzes konfrontieren sollte. Das wäre ein ungleicher Kampf durch die Verschiedenheit der Mittel und der Entstehungsbedingungen, zumal die Beschaffung der geeigneten Druckfarben in der DDR auf erhebliche Schwierigkeiten stieß und man gezwungen war, »alles zu nehmen, was einigermaßen paßt« (Rudolf Mayer, op. cit., Seite 36 unten). Aber die prinzipiellen, oft totalen Veränderungen sollten konstatiert und kommentiert werden. Wenn man davon ausgeht, daß Gemaltes und Geschnittenes zweierlei ist, daß der Holzschnitt zum Heraldischen und Ornamentalen tendiert, daß er verdeutlichen muß, was im Entwurf offen bleiben kann, wird man sich nicht in Werturteile verrennen (auch dort, wo sie sich aufdrängen), aber zu Einsichten in den Werkprozeß kommen. Das Folgende ist – wie gesagt – nur ein Anfang.

Über Anzahl und Technik der Entwürfe unterrichtet der Anhang der obengenannten Publikation. – Zu Nr. 31, *Krämer*, gibt es zwei Fassungen, 31 a und b, beide sind dort abgebildet. – Zu Nr. 24, *Wucherer*, gibt es auch eine zweite, aber nicht abgebildete, ganz abweichende Fassung; sie liegt in der Kassette mit den Originalen bei Nr. 28, dem *Schultheiss*, dem sie im Hauptmotiv, dem mit Kugeln übersäten Leib, sehr ähnelt und sich fast nur durch die Hauptfarbe Rot (statt Grün) unterscheidet; auf einem Klebestreifen der Rückseite steht »Wucherer 24«. Diese beiden sind also die ursprünglichen *Wucherer*-Entwürfe. Beim Holzschnitt der grünen Fassung ließ Grieshaber die Kugeln weg und zog dem *Schultheiss* eine weiße Weste und ein braunes Wams an, er sieht mit Gamsbarthut und den Bäumen dahinter wie ein Forstmann aus, ist also ein Dorfschultheiss. Früher waren das diejenigen Beamten, die ›heischten‹, was einer schuldig war; vielleicht kommt es aus der Erinnerung an diese bedrohliche Funktion, daß Grieshaber mit ihm die Vorstellung eines Wucherers, der Geld zu Unrecht eintreibt, verbunden hat. Es liegen also zwei Entwürfe in zwei Fassungen vor, andererseits fehlt Nr. 5, die *Königin*, so kommt es zu der Gesamtzahl von 41. Die *Königin* ist aber nur versteckt, sie mußte hier die Rolle von Nr. 18, *Edelfrau*, übernehmen, die alte Nr. 5 steht rechts oben auf diesem Blatt. Mit ihm hängt auch der Holzschnitt der *Königin* evident zusammen, nicht aber mit dem der *Edelfrau*, der wurde anders gestaltet. – Ein weiterer Rollentausch ist bei Nr. 11, dem *Abt*, festzustellen, der im Entwurf die große weiße Haube einer Nonne trägt und in der Tat für die *Äbtissin*, Nr. 20, vorgesehen war, wie diese oben rechts stehende alte Nummer beweist.

Die Technik ist primär malerisch, man hat nicht den Eindruck, es seien Entwürfe für Holzschnitt, eher für Freskomalerei. Das graphische Element kommt öfters erst nachträglich hinzu durch schwungvolles Lineament, das – wie beim Sgraffito – in die frischen Kunstharzfarben geritzt und manchmal farbig ausgefüllt wird, zum Beispiel mit Schwarz und Rot bei dem lustvollen Tanz des Todes mit der *Jungfrau*, Nr. 25, einem der schönsten, in Farben blühenden Entwürfe. Das Lineament fehlt zum Beispiel bei dem *Narren*, Nr. 30, der nicht mit Gouache (dem Oberbegriff für alle deckenden Farben auf Papier), sondern mit farbigen Kreiden und Deckweiß auf rosa Folie gezeichnet ist; ebenfalls fehlt es bei den drei letzten, in einem

Der Papst · 1965 · Gouache · 59,5 × 41,8 cm · In: *Die Gouachen zum Totentanz*

Die Herzogin · 1965 · Gouache · 59,4 × 48,8 cm · In: *Die Gouachen zum Totentanz*

raffinierten Collageprinzip verfertigten Entwürfen. Bei diesen wurden die Figuren ganz oder nur teilweise aus Folien herausgeschnitten, auf farbiges Papier geklebt und dann überarbeitet, zum Beispiel mit dem Schwarz der Trauer bei der *Mutter*, Nr. 39, oder mit euphorischer Weißhöhung bei dem dem Tod trotzenden *Maler*, Nr. 40. Farbig besonders delikat und feinsinnig ist das *Kind*, Nr. 38, erfunden: erschreckt vom Tod, der mit einem hochgehaltenen Hampelmann-Skelett lockt, will es – schon geflügelt wie ein Engel – davonlaufen. Mehr als die rein malerischen Entwürfe zielt diese Dreischichtentechnik auf die Übertragung in den Holzschnitt von mehreren Platten hin. Daher besteht in diesen Fällen eine sonst seltene, weitgehende Identität von Entwurf und Ausführung. Aber dieses Verfahren war auf die Dauer wohl zu zeitraubend.

Ob man daraus schließen kann, daß diese komplizierten Entwürfe nur entstehen konnten, als Grieshaber noch Zeit hatte, also am Anfang des Projekts, daß sie also für ihn die ersten Entwürfe gewesen sind, kann nicht bewiesen, aber aufgrund einer weiteren Beobachtung vermutet werden: der geringste Grad von Übereinstimmung zwischen Entwurf und Ausführung besteht bei den ersten Blättern der Folge, die, ganz aus dem malerischen Impuls geschaffen, unsere anfängliche Behauptung, nicht nur das Material, sondern der Geist sei in den Entwürfen ein anderer, rechtfertigen. Auf den Entwürfen spielen sich atemberaubende Tänze, auch Kämpfe in satten Farben ab, während die Figuren der Holzschnitte mit ihrer oft blassen Farbskala statuarisch und verhalten sind. Gleich Nr. 1, der *Papst*, zeigt den fundamentalen Unterschied. Hier ein Zusammenprall konturlos hingewühlter Farben, die an die Papstbilder von Francis Bacon, dessen Generalthema der Tod ist, erinnern, dort stille Ergebenheit. – Nr. 2, der *Kaiser*, erscheint hier im Profil, vom wippenden Tod zum Tanz geholt, dort sind es zwei frontale Gestalten, steif wie erzgebirgische Holzfiguren, in völlig anderen Farben. – Am meisten überrascht Nr. 3, die *Kaiserin*, hier wie in einem Maitanz von grüngelben Akkorden, dort eine schwarze Repräsentationsfigur mit Silber überdruckt. Dank des Kataloges *Grieshaber in Reutlingen* von 1979 »mit Werken aus dem Depot Ricca Grieshaber, aus Reutlinger Privatbesitz und der Kunstsammlung der Stadt« kennt man hierzu zwei quadrierte Vorzeichnungen in Filzstift und Bleistift (Nr. 207, 208, Abbildungen Seiten 61, 63). Damit lernt man einen neuen, sehr akkuraten Typ von Vorarbeiten kennen. – Auch Nr. 4 wurde total verändert: Hier alles in Bordeauxrot getaucht, als ob der Tod den *König* nach einem Gelage holt, dort stehen sie beide kerzengerade als Cellospieler. – Den Entwurf zu Nr. 5, die *Königin* muß man bekanntlich unter Nr. 18 suchen. – Mit Nr. 6, dem *Kardinal*, beginnen formale Annäherungen der Holzschnitte an die Entwürfe, aber stets bleiben diese bewegter. Das transitorische Element bestimmt den Entwurf zum *Bischof*, Nr. 7, den der Tod mit seiner Mitra auf dem Schädel hinwegreißt. – Dämonisch blutrot steht der *Herzog*, Nr. 8, auf der Gouache dem trommelnden Tod gegenüber, im Holzschnitt sind es bleiche Skelette. – Moderne Rhythmen glaubt man zu hören beim Tanz der *Herzogin* mit dem Tod, Nr. 9, ein faszinierendes doppelbödiges Gemälde: auf einer rosa Folie liegt tiefdunkles Rot über dem Blau des weiblichen Körpers, das aus den eingeritzten Konturen hervorscheint und in einem fallenden Schamtuch aufleuchtet. Nichts davon in den ebenmäßigen Standfiguren des Holzschnitts. – Um so mehr überrascht es, daß die Vehemenz eines Dreifigurentanzes auf dem Entwurf zum *Grafen*, Nr. 10, durchaus ihre formale und farbige Entsprechung im Holzschnitt gefunden hat. Es lag also im Willen des Künstlers, daß die meisten Holzschnitte anders ausfielen als die Entwürfe.

Welche Überlegungen und Rücksichten Grieshaber zu vielen Veränderungen und Verzichten bewogen haben, muß vorerst offenbleiben; Anpassung war auf jeden Fall nie seine Sache. Es bleibt unübersehbar, daß die tänzerische Dynamik der Entwürfe weithin in den Holzschnitten einer frontalen Statuarik gewichen ist. Ist das als Entwicklung im Laufe des Werkprozesses zu interpretieren? – weg vom nächtlichen Reigen der Basler Wandbilder in Merians Stichen, die ihm anfangs als Inspirationsquelle dienten, hin zum gemessenen Ernst des ›memento mori‹ –, ohne dabei auf Aktualität wie beim smarten *Kaufmann*, Nr. 19, und beim agitatorischen *Krüppel*, Nr. 21, zu verzichten.

Heute, fast zwanzig Jahre nach ihrer Entstehung, wird man Grieshabers Entwürfe zum *Totentanz von Basel* mit anderen, aufnahmebereiteren Augen sehen als damals, 1965, weil eine Wende in der Kunst eingetreten ist. Die Kunstkonsumenten (die Museumsleute eingeschlossen) pflegen mehr oder minder von dem, was up to date ist, abhängig zu sein; sie erwarten es auch dort, wo es nicht zu erwarten ist, und urteilen danach. Die expressive Impulsivität von Grieshabers Stil schien 1965 unter dem Eindruck der Pop- und Op-Welle überholt, heute macht sie ihn sub specie der ›Neuen Wilden‹ zum Spitzenreiter. »Vieux« – wie er sich zu nennen pflegte – würde in sein homerischer Gelächter ausbrechen, wenn man's ihm sagen könnte!

Maquette zum Ausstellungskatalog *grieshaber 60*, 1969
Württembergischer Kunstverein, Stuttgart 1969. – Fichtner 351

Die Maquette zu Wilhelm Boecks Grieshaber-Monographie von 1959 wurde von uns als »Sonderfall einer gemalten Retrospektive des eigenen Holzschnittwerkes« bezeichnet; retrospektiv, wenn auch mehr zusammengewürfelt, ist die vorliegende Maquette zum Katalog seiner Geburtstagsausstellung ebenfalls, hier ist alles flüchtiger in Aquarell und vor allem in Tusche konzipiert. Alles, was der Künstler vor sich oder auch nur in sich hatte, hat er hineingezeichnet – gleichgültig, ob eigene Holzschnitte oder fremde Photos oder Plakate –, es wird grenzüberschreitend integriert. Zum Beispiel läßt er ein photographiertes Bildnis von sich (Seite 7 des Katalogs) in Tusche neu und lebendiger erstehen, was nicht unbedeutend ist, weil es wenige Selbstbildnisse von seiner Hand gibt. Oder er verleiht einem Photo mit Besuchern des Dresdner Jugendclubs (Seite 32) durch seine Übersetzung in Tusche eine ganz andere Aussagekraft. Mit einer Schnelligkeit, die oft zu bizarren Verformungen führt, hat er am Anfang der Maquette seine Holzschnitte in Tusche skizziert: *Ständchen* und *Paar* von 1968, dann eine hohe Einzelfigur aus dem achtteiligen Holzrelief für die Weltausstellung in Montreal von 1967 und schließlich für eine Doppelseite (78/79) das großartige *Bauernkriegs*-Diptychon von 1963, das hier als dunkles Geflecht sich aufbäumender Leiber – wie in einem ›Höllensturz‹ – erscheint. Für die restliche Maquette hat er sich – leider, wird man sagen dürfen – mit der Angabe der Titel der abzubildenden Arbeiten begnügt. Er wußte, daß die Drucklegung bei Margot Fürst und Walter Cantz in den besten Händen lag. – Nur eines hat er in Wort und Bild rapid fixiert: die Abfolge und Anordung auf den Tableaus mit den Jahresgaben für Kunstvereine und mit den Plakaten. Die darin spürbare Freude des Rückblicks auf sein engagiertes Wirken in aller Welt geriet ihm bei der Ausstellung der Plakate in Stuttgart zum Ärgernis. Davon handelt der nächste unserer Texte.

Maquette zum *Engel der Geschichte 13* (*Akademieengel*), 1969
Fichtner 59
(Abb. Seite 60)

Wenn Grieshaber einen *Engel der Geschichte* in Aktion setzte, trieb ihn etwas um. Die Achalm bedeutete ihm keine ›splendid isolation‹, keine Etappe, eher einen Stützpunkt für Ausfälle. Die Studentenrevolution von 1968, deren Wellen in den Kunstakademien hoch gingen, machte ihn, den ehemaligen Akademieprofessor, zum »betroffenen Zeitgenossen« (so der Titel eines Kompendiums von Margot Fürst und Willem Sandberg, Stuttgart 1978). Durch die Stuttgarter Retrospektive zu seinem 60. Geburtstag (siehe den vorhergehenden Text) wollte er in jener Umbruchszeit nicht als etablierter Künstler abgestempelt sein; er wollte sich lieber mit den ›Jungen‹ auseinandersetzen, als offizielle Ehren genießen. Er tat das eine, ohne das andere zu lassen, indem er seine Ausstellung zum Schauplatz einer Aktion machte. Das ist die Vorgeschichte dieses *13. Engels der Geschichte.* Rund um die Wände des Kuppelsaals im Stuttgarter Kunstverein hatte man Grieshabers

Der Krämer · 1965 · Gouache · 59,2 × 41,5 cm · In: *Die Gouachen zum Totentanz*

Die Jungfrau · 1965 · Gouache · 59,4 × 42 cm · In: *Die Gouachen zum Totentanz*

Dank und Vergötzung · 1969 · Gouache · 39,7 × 60 cm · In: Maquette zu *Engel der Geschichte 13* (Akademieengel)

Plakate, seine Waffen als engagierter Künstler, die zu Lieblingen des Publikums geworden waren, gehängt (unter dem Motto »Poesie und Manifeste« hat Friedrich Pfäfflin ihre Spannweite umrissen, in *Grieshaber — Die Plakate 1934–1979*, Verlag Gerd Hatje, Stuttgart 1979). Diese museale Absegnung, dieses Beruhigtsein des ehemals Beunruhigenden ließ ihm keine Ruhe, ihm war das plötzlich wie ›Schnee von gestern‹. Über Nacht bemalte er 25 Meter Packpapier mit seinen Figuren und hing sie über die Plakate, dann rief er seinen Schüler Walter Stöhrer, Jahrgang 1937 (der inzwischen die Stuttgarter mit der Berliner Szene vertauschte und im Zeichen der ›wilden‹ Malerei jetzt ein Comeback erlebt), um »den Vater zu schlachten«. Das ist der ›harte Kern‹ des sogenannten *Akademieengels*.

In der Maquette ist die Erregung dieses obsessiven Übermalungsprozesses zwar schon ein Nachklang, aber doch hautnäher spürbar als im gedruckten Heft. Der Umschlag zeigt Grieshabers Entwurf zum *Urnenengel* kombiniert mit einer skripturalen Lithographie von Stöhrer. Innen liegen zwei Entwürfe schwebender Figuren, weiß gehöht auf Goldglanzpapier, die Grieshaber *Dank und Vergötzung* nannte, wahrscheinlich hatte er dabei Dürers warnenden Kupferstich *Das große Glück*, auch *Nemesis* genannt, vor Augen. Eingeschoben zwischen beiden ist eine Doppelseite mit einer Gouache von Stöhrer wie eine Ausgeburt der Hölle: in giftigen Rottönen, die ebenso die Vorstellung von Feuer wie von Blut erwecken, wälzt sich ein berserkerhaftes Ungetüm – stärker als alle Worte von Margarete Hannsmann und Walter Warnach (diese Gouache erscheint nicht in der gedruckten Ausgabe; ein Photo der Übermalungsaktion in *Der betroffene Zeitgenosse* auf Seite 295).

In Grieshabers Brust haben immer zwei Seelen gesteckt, ihnen verdankt sein Werk Weite und Spannung: eine poetische und eine revolutionäre; wahrscheinlich wird die poetische seinem Werk Dauer verleihen, die revolutionäre ehrt den »betroffenen Zeitgenossen«. Die Kenntnis des Malers Grieshaber, die jetzt durch die Maquetten bereichert wird, rückt die erstere in den Vordergrund. Das Aquarell als das zarteste aller Malmittel hat von Natur aus den Hauch des Poetischen; Grieshaber bevorzugt es in seinen Maquetten, solange er nicht das Expressive und Gestalthafte hervorkehren will, dann greift er zu der deckenden Gouache, wie bei den Entwürfen zum *Totentanz von Basel*, oder zum dramatischen Schwarz-Weiß, wie bei den Maquetten zu *Spektrum* und *Xylon* von 1964. Im Frühwerk des ›fahrenden Gesellen‹ Grieshaber dominiert trotz aller Entbehrungen das poetische Element – man denke nur an das Leporello *Herzauge* von 1939 oder an Holzschnitte wie *Viola* von 1948 – und wiederum in seinem Spätwerk.

In den siebziger Jahren hat Grieshaber seine Kunst weitgehend in den Dienst der Poesie gestellt; er illustrierte zahlreiche »Bücher mit Dichtern und Künstlern«, wie Gerhard Fichtner diese zweite Rubrik seiner Grieshaber-Bibliographie im eingangs genannten Tübinger Katalog von 1979 überschrieben hat. Auch zu ihnen sind Maquetten erhalten, und manche werden noch ans Tageslicht kommen, nachdem hier ein Anfang mit ihrer Veröffentlichung gemacht werden konnte. Vollständigkeit war dabei nicht unser Ziel, sondern Grieshaber den Maler in den Entwürfen seiner illustrierten Bücher zu entdecken. Darum wurde eine so eminent von druckgraphischen Experimenten bestimmte Maquette wie die zu Margarete Hannsmanns Texten *grob, fein & göttlich* von 1969 hier weggelassen. Andererseits liegt es nicht in unserer Absicht, Grieshaber plötzlich als verhinderten Maler zu reklamieren, sondern ihn von der bloßen Abstemplung als Holzschneider zu befreien und das Umfassende seiner künstlerischen Gabe aufzuzeigen, und dazu gehört, »zu sehen, daß das ein Maler war«.

»Umweg Holz« oder der Holzstock als Kunstwerk

Heinz Spielmann

Um 1930 schnitt Grieshaber seine ersten Stöcke. In dem vorangegangenen halben Jahrhundert hatte der Holzschnitt seine zweite Blüte nach Spätgotik und Reformationszeit erlebt.
Der Orientierung von William Morris und seinen Freunden an Vorbildern des 15. Jahrhunderts war die Rezeption des japanischen Holzschnitts durch die Maler von Jugendstil-Art Nouveau gefolgt. Das Medium Holz hatte eine solche Suggestionskraft gewonnen, daß um 1890 selbst Lithographien und Radierungen wie Varianten von Holzschnitten erschienen, etwa bei Toulouse-Lautrec und Vallotton. Die neu eroberten Mittel hatte Edvard Munch in den Dienst seiner expressiven, Linie und Fläche forcierenden Kunst gestellt. Auf solchen Voraussetzungen aufbauend, hatten die Künstler der ›Brücke‹ ihre Sprache artikuliert, Schmidt-Rottluff in lapidarem Schwarz-Weiß, Kirchner in nervöser Zeichnung und oft unter Einsatz der Farbe, Heckel in distanzierteren, ein- und mehrfarbigen Blättern.
Die uns heute als abgeschlossen und klassisch geltende Phase des Holzschnitts zwischen 1880 und 1930 hatte so viel an Neuem und Überzeugendem gebracht, daß ein junger Künstler, der gerade zwanzig Jahre alt geworden war, an seinen eigenen Möglichkeiten für die Fortführung des vom Stock gedruckten Bildes hätte verzweifeln können.
Ließ sich dem Vorhandenen etwas von gleichem Gewicht hinzufügen?
Zudem: Die Druckgraphik zielt, ihrem Charakter nach, auf eine breite Öffentlichkeit. Diese Öffentlichkeit sollte es schon wenige Jahre nach seinen ersten Schnitten für Grieshaber nicht mehr geben.
Die Frage, ob der junge Künstler sich ohne die Verfolgung der Moderne anders entschieden, andere Wege gewählt hätte, erscheint angesichts der geschichtlichen Realität als müßig. Verständlich wäre es schon gewesen, wenn er seinen Weg mehr in der kritischen Distanzierung von den Älteren als im Respekt gegenüber ihrer Leistung gesucht hätte. Die Verfolgung der Moderne und einer freien Gesinnung mußte Grieshaber unwillkürlich nahe an diejenigen rücken, deren bereits bekannte Namen öffentlich verfemt wurden. Dennoch ist zu zweifeln, daß – von Themen und Tarnung abgesehen – sich Grieshabers Werk nach 1933 strukturell essentiell anders entfaltet hätte. Dieses bedeutendste Holzschnitt-Œuvre zwischen 1930 und 1980, das gleichfalls ein halbes Jahrhundert umspannt, wäre unabhängig von diesen oder jenen politischen Vorgängen in seiner künstlerischen Erscheinung ähnlich realisiert worden – und hätte auch ohne die Jahre der Verfolgung seine Anlässe gefunden. Ein Künstler, der seiner Kunst eine ethische Aufgabe zuweist, wird in einer unvollkommenen Welt immer ein Stimulans zu reagieren finden, und die Wahl der Mittel wäre für ihn nie durch eine L'art-pour-l'art-Idee, sondern den ethischen Impetus bestimmt.
Ein so wacher Zeitgenosse wie der junge Grieshaber sah nicht nur seine Vorgänger und seine Gegenwart, er ahnte auch, begeistert und im besten Sinn des Wortes naiv, wie es mit seinen Beständen beschaffen war und wohin ihn sein Talent führen könne. Epigonentum war für ihn keine Gefahr, da die Auseinandersetzung mit den Älteren nicht im Anknüpfen an deren letzte Resultate bestand. Von den ersten Holzschnitten an besann sich Grieshaber auf die Ursprünge der Druckgraphik, auf die Wahlverwandten des 15. Jahrhunderts, auf ihre Ziele und ihre Form – abseits wiederum von falschem Traditionalismus.
Wie Begeisterung und Naivität Grieshaber und seinen Freund Arthur Fauser dazu antrieben, die Nähe der Gotik zu suchen und gleichzeitig ein modernes technisches Gerät darstellen zu wollen, steht in einem der humorvollsten Texte des Holzschneiders, in dem die Herstellung eines Waschmaschinen-Plakats anschaulich beschrieben wird. Ausgerechnet eine Waschmaschine versuchten Grieshaber und Fauser um 1929/30 wie in einem spätmittelalterlichen Blockbuch darzustellen: »Wir

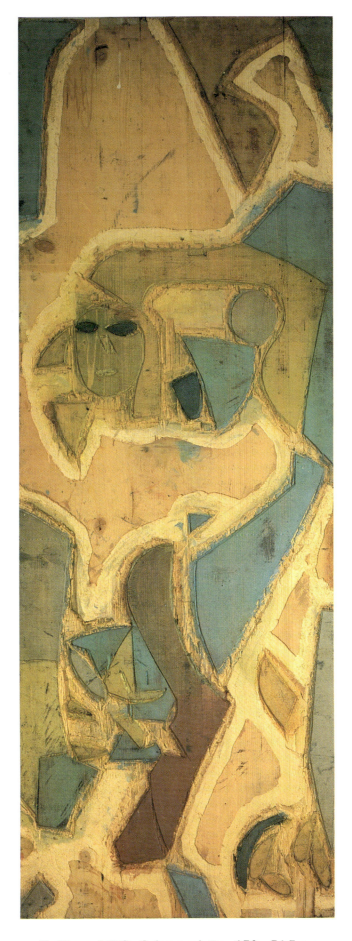

Coiffeur · 1952 · Schwarzplatte · 150 × 54,5 cm

schnitten beide in einem Winkel einer Reutlinger Klischeefabrik, Fauser in Stirnholz und ich in Langholz ... Wir hatten eben die Kraft der mittelalterlichen Einblattdrucke und Blockbücher entdeckt.«[1] Diese beiden Protokollsätze stehen mitten zwischen den die eigene Tätigkeit liebevoll ironisierenden Passagen, mit denen Grieshaber die Herstellung des – natürlich für den Auftraggeber unbrauchbaren – Waschmaschinen-Plakats beschreibt. Jedoch: Wäre nicht der unpassende Anlaß, gäbe es nicht die vom Auftrag bestimmten technischen Details im Bild – das Blatt wäre keine schlechte Erläuterung für Grieshabers Umgang mit dem Holz in seiner frühesten Zeit.

Alle Merkmale des späteren Werks sind auf eine noch kindlich-rudimentäre Weise hier vorgeprägt: die auf lapidare Mitteilung zielende Einfachheit, die bei aller Abstraktion sich behauptende Poesie, die bestimmte, lebendige, viele Facetten zeigende Form. Der gotische, vor allem der anonyme Einblatt-Holzschnitt war zunächst ein Stimulans. Bald wurde er zum maßstabsetzenden und verbindlichen Exempel. Er bot Halt genau in den Jahren nach 1933, während deren Grieshaber seine ersten Schritte in die Öffentlichkeit hätte tun können und statt dessen auf sich allein zurückgeworfen war. Fast ohne jeden Kontakt nach außen, stellte er die Schwäbische Alb und die Reutlinger Marienkirche dar, so, daß bei aller Modernität der unverkennbare Bezug auf die Holzschnitte des 15. Jahrhunderts erkennbar blieb, nicht nur als künstlerische Orientierung, sondern als ein Aufruf, die Gegenwart an der Wahrhaftigkeit der überlieferten Kunstwerke zu messen. Später hat Grieshaber seine Wahlverwandten des späten Mittelalters so beschrieben, daß ihr Vorbild als Spiegel der eigenen Überzeugung deutlich hervortrat: »Die Holzschneider im frühen 15. Jahrhundert haben, wenn sie ein Zeichen setzten für das, was sie bewegte, eine Glaubwürdigkeit erreicht, die erstaunlich ist. War es der Druck vom Stock, der Schnitt im Langholz oder die Idee? Sicher hat der lebendige Schnitt und der Druck vom geschnittenen Stock wie ein Stempel das Bild geprägt, es den Menschen eingeprägt. Damals entstand noch aus der Figuration das Sinnbild, wurde ein Gefühl so stark dem Auge geboten, daß es unmittelbar wirkte.«[2] Hier sieht jemand aus dem 20. Jahrhundert die anonymen Holzschneider nicht zuletzt deshalb als seine ›Ahnen‹ an, weil sie ihre Zeitgenossen so mobilisierten, wie er seine eigenen Zeitgenossen zu bewegen hoffte. Abermals wird klar, daß sich der Gebrauch der Mittel aus dem Gehalt herleitet.

Was rechnet Grieshaber zu seinen Mitteln? Er hat sie beim Namen genannt[3], es sind Bild und Schrift; Letter, Handschrift und Holzstock; Zeichnen, Malen und Drucken. Keines dieser Elemente darf fehlen, wenn von der Beschaffenheit seiner Holzstöcke die Rede ist.

Leider sind keine der Holzstöcke Grieshabers aus den Jahren vor 1945 mehr vorhanden; ein Teil seiner Handschrift ist gleichsam nicht im Werkstoff selbst dokumentiert. Wir kennen aber die Holzstöcke der Meisterjahre, da der Künstler sie fast alle aufbewahrte (sofern sie nicht bald nach ihrer Entstehung einen festen Platz in oder an einem Bauwerk erhielten). Diese Holzstöcke, die, Grieshabers Bestimmung folgend, in das Museum für Kunst und Gewerbe Hamburg gelangten, machen seine Handschrift so gegenwärtig, als stünde man neben dem Holzschneider. Sie machen den künstlerischen Prozeß sichtbar und geben zu erkennen, welche künstlerische Aufgabe ein Holzstock nach Grieshabers Überzeugung erfüllen solle. Die eine Aufgabe umfaßt viele Aspekte. So, wie Grieshaber in einem Bild oder einem Text immer eine Vielzahl von manchmal als widerstreitend erscheinenden Antworten in einer Form zusammenfaßte – darin verifizierte er die Kraft zur Synthese, er war schließlich Hegels Landsmann –, enthielt der Holzstock für ihn die Summe seiner künstlerischen Möglichkeiten.

Grieshaber hatte zunächst das Handwerk des Schriftsetzers erlernt, in der Druckwerkstatt bei ungenannten Meistern, dann an der Akademie die Schreibkunst bei einem Meister wie Ernst Schneidler. Das Erlernen der Schrift bedeutete das Einüben in Regeln: »Meine Lehrmeister, denen ich die Liebe zur Typographie und die Freude am Drucken verdanke, waren damals, Mitte der zwanziger Jahre, schon alte Männer. Möglich, daß der Setzermeister mit seinem vom vielen Bücken nach den schweren Setzkästen gekrümmten Rücken älter auf mich wirkte, im Gedächt-

Der Blinde · 1966 · Die Holzstöcke · 45 × 35 cm · In: *Totentanz von Basel*

nis ist er mir ein alter und weiser Lehrer geblieben ... Sein Gefühl der Klarheit und Einfachheit machte die alten Satzregeln wieder lebendig. Seine Erfahrung vermittelte dem Lehrling eine Ordnung ...« Es waren nicht nur die alten Handwerksmeister um 1930, die Grieshaber zeitlebens dankbar als Vorbilder empfand – wie im Holzschnitt war es auch im Druck der Beginn, der Anfang des Buchdrucks im 15. Jahrhundert, die er trotz allen Wechsels der Zeitläufte als verbindlich ansah. Gutenbergs Umgang mit Schrift, Bild, Druck, Buch prägten seine Haltung zum Metier so sehr, daß man in den späteren siebziger Jahren, als das Ende der Buchdruck-Werkstätten zur Gewißheit geworden war, von Grieshaber glauben mochte, in einer Welt ohne Gutenbergs Buchdruck wolle er nicht mehr recht leben, wenn er auch auf den Verlust mit einer neuen Leistung innerhalb seines Werks antwortete[4] – selten äußerte er sich so vehement und anklagend wie in einem seiner letzten Fernseh-Interviews, als er das endgültige Verschwinden der Buchdruck-Pressen feststellte.

Schrift war für ihn nicht nur Letternsatz – und, das sei gleich hinzugefügt, Letternsatz bestand für ihn nicht nur in der Anordnung von Buchstaben –, Schrift mußte, bevor sie gedruckt wurde, als Handschrift beherrscht sein. Grieshabers Handschrift, gleichgültig, ob deutsch oder französisch, griechisch oder arabisch, war bereits Kalligraphie, allerdings eine schöne Schrift ohne jede ängstliche Behutsamkeit. Mit scharfer Feder zu Papier gebracht, in freiem Rhythmus und großzügigem Duktus, mit Schwung und Eindeutigkeit, besitzt sie Energie und Charakterstärke zugleich. Ein gesetzter Text mußte, wenn auch seinen Bedingungen entsprechend, etwas von der Lebendigkeit und Klarheit der Handschrift ahnen lassen und sich zu dieser ebenso fügen wie zum Bild. In allem, was Grieshaber schrieb oder in Lettern anordnete, steckt Spontaneität, die sich unabhängig vom vermittelten Gehalt dem Leser mitteilt. Grieshaber selbst spricht von »Tugend und Beschwörung der Schrift«[5], also von den Qualitäten, die auch diejenigen des Schreibers oder Setzers sein müssen, von Qualitäten, die sich vom Leser im wahren Wortsinn ablesen lassen. Der Duktus der Schrift ist für Grieshaber der Zeichnung verwandt. Auf das schönste zeigen dies seine ›Malbriefe‹, in denen sich die mit der Feder niedergeschriebenen Worte ebenso zwanglos wie spannungsvoll mit den gezeichneten oder gemalten Bildern, mit Farbe und Pinselduktus, aber auch mit dem gedruckten Holzschnitt verbinden.

Alle diese Mitteilungs-Modi sind in Grieshabers Stöcken sichtbar. In den Platten sind der Duktus des Schreibens, die Vehemenz des Federstrichs, die Leichtigkeit des Pinsels spürbar. Der Umgang mit der gedruckten Letter findet im gedruckten Bild seine Entsprechung. Grieshaber sagte gelegentlich, für ihn sei Graphik etwas zwischen Plastik und Malerei. Dieser zunächst vielleicht schwer verständliche Satz beschreibt die wesentlichen Eigenschaften der Druckstöcke, die durch ihre geschnittenen Reliefs an der Skulptur, durch ihre Farbe Anteil an der Malerei haben; ihre Kontur gleicht der Zeichnung, ihr Schnitt dem der Letter. ›Holzstock‹ heißt hier ein Mittel, das Verschiedenes und Verwandtes zu gleichgewichtigen Faktoren von Kunst werden läßt.

Grieshaber begann seine Holzschnitte häufig mit dem Malen. Dies gilt nicht nur für diejenigen Einzelblätter und umfangreicheren Folgen, für die er sich zunächst in gemalten Entwürfen ein Bild vor Augen stellte. Als exemplarische Meisterleistung des Malers Grieshaber können seine Entwürfe zum *Totentanz von Basel* gelten. Er malte in Flächen, die vom schnellen, oft vehementen Pinselduktus geprägt sind. Jede Farbe setzte er in dem ihr eigenen Kolorit – auch das Schwarz wird hier zur Farbe –, belebt von der bewegten Struktur. Die Farben stehen, die Idee des Holzschnitts vorausnehmend, nebeneinander, jedoch mischen sie sich unbekümmert beim Malen. Grieshaber ist nie ängstlich bemüht, als Maler den Holzschneider festzulegen. Die Frische des Umgangs mit der Farbe, der Wechsel von ihrem pastosen Auftrag bis zum aquarellhaft aufgetragenen Hauch gibt seiner Malerei jene haptische Qualität, die sich später im Druck der Stöcke erneut zeigen sollte, vor allem dann, wenn Grieshaber selbst die Abzüge machte.

Eine Reihe der erhaltenen Stöcke gibt auf den vom Messer unberührt gebliebenen Stellen zu erkennen, daß die Malerei, die in den Entwürfen erhalten blieb, nicht selten auch auf dem Holz aufgetragen wurde. Davon konnte nichts übrigbleiben, wenn das Relief des Druckstocks entstand. Grieshabers Malerei auf den Stöcken teilt das Schicksal der Zeichnungen, die etwa Dürer und Menzel auf ihre Holzplatten zeichneten: sie verschwand mit dem Holzschnitt. Wer Grieshabers Bemerkungen hörte oder liest, daß er von sich als einem Maler spricht und sich – unbeschadet des Druckers und Holzschneiders – als Maler versteht, erkennt die Richtigkeit solcher Hinweise sofort, wenn er die Stöcke vor sich sieht.

Die haptische Qualität von Grieshabers Malerei hat ihr Äquivalent in der Griffigkeit und stofflichen Realität der Holzplatten: »Sie müssen 22 mm stark sein, wenn sie für die Handpresse geschnitten werden. Zum Durchreiben mit dem Löffel und bei Formaten über 2 m sind die Bohlen dreimal so dick. Ich nehme Laubhölzer und Koniferen. Meist Langholz, ausnahmsweise auch Stirnholz, seltener Rindenstücke und Wurzeln. Ich nehme das, was da ist. Jedes Holz. Einen ganzen Stamm aus Afrika und ein Scheunentor von der Alb. Stammquerschnitte bis zu 3 m waren darunter: Bubinka, Zebrano, Makoré. Mein Lieblingsholz ist Nußbaum...«[6] Man spürt aus diesen Sätzen, welche Bedeutung das Holz für Grieshaber besaß. Es blieb, gerade weil es ›wetterfühlig‹, von Rissen durchzogen und verworfen war, ein Stück erfahrbarer, organischer Natur, kein bloßer toter Druckstock als Mittel zum Zweck. Grieshaber liebte seine Stöcke, hielt sie intakt: »... wenn es regnet oder geschneit hat, muß ich mein Holz nachher lange pflegen, bis es wieder so glatt liegt wie ein Tisch.«[7]

Wie ein Maler des Mittelalters, der auf seine Malfläche Sorgfalt verwendet, achtete Grieshaber bei aller Unbekümmertheit auf die Beschaffenheit der Fläche, in die er hineinschnitt. Abgesehen von den mit der Fräse geschnittenen Pappelholzplatten des Jahres 1977/78, hat Grieshaber zeitlebens fast nur ein Werkzeug dafür benutzt, ein selbst hergestelltes Messer: »Zu einem besonderen Werkzeug reichte mein Geld nie. Damals, als ich die Konturen aufgab und Flächen schnitt« – in den dreißiger Jahren –, »arbeitete ich in einer Maschinenfabrik. Ich konnte Federstahl härten, zuschleifen und die Klinge dann zwischen zwei Hölzer nuten. Dieses Messer sieht aus wie ein Messer, das die Gotiker benutzt haben. Es schneidet genau, was ich geschnitten haben will, und hinterläßt von sich keine Spur.«[8]

Um so deutlicher tragen die Holzstöcke die Spur, die Grieshaber wollte. Das Messer ist tief eingedrungen, so daß ein Relief entstand. Es konnte aber auch mit der Leichtigkeit eines Federstrichs über das Holz fahren, mit Schwung von einem zarten Ansatz zur tiefen Einkerbung führen oder vom hart ansetzenden Schnitt aus leicht ausschwingen, mit der Spitze eindringen oder mit der flachen Schneide eine Spur hinterlassen, die an diejenige einer gespreizten Feder erinnert. Das Messer ließ Flächen stehen und belebte die Fläche oft mit Linien so, wie die Figuren eines aquarellierten Malbriefs Grieshabers mit seiner Handschrift belebt sind. In fast jedem Holzstock verrät sich eine andere Messer-Handschrift oder eine neue Variante des Umgangs mit dem Messer.

Das Messer, das fast ein halbes Jahrhundert seine Dienste tat, war nicht Grieshabers einziges Werkzeug, ebenso wie die Holzplatte nicht sein einziges Material zum Drucken blieb. Leder, Klavierhämmerchen, Kork, durchgesägte Tischbeine nagelte er auf seine Stöcke. Womit er seine Platten – außer mit dem Messer – behandelte, sagt er selbst: »Wer für Leben stets den vollen Preis bezahlt hat, der kennt tausend Werkzeuge: Bohrmaschinen, Steinfräsen, Lötkolben, Stanzen usw., Maschinen, mit denen noch niemand ans Holz gegangen ist. Solche Werkzeuge hinterlassen natürlich deutliche Spuren. Sie müssen mit größter Vorsicht angewendet werden, um nicht in eine Manier zu verfallen. Ich halte dagegen mein Tempo und die Aggression, die man mich in der Fabrik gelehrt hat. Ich vergewaltige damit das Holz, schlage es oder quäle es so lange, bis ein Rauch aufsteigt wie von einem Urmenschen, als er sein Feuer machte.«[9]

Unter den mehr als tausend Stöcken von Grieshabers Fundus, die erhalten blieben, gibt es Höhepunkte, etwa mit den großformatigen Platten, die um 1952 auf dem Bernstein entstanden. Der Bedeutung der Blätter entspricht die Schönheit der Druckstöcke. Der hier abgebildete zum *Coiffeur* (Seite 63) mag als Beispiel gelten. Die Figuration des gedruckten Blattes hat ihre Entsprechung im Holzrelief, einem

Schlangen und Fische · 1970 · Holzstock · 202 × 101,5 cm · In: *Zeitgenossen*

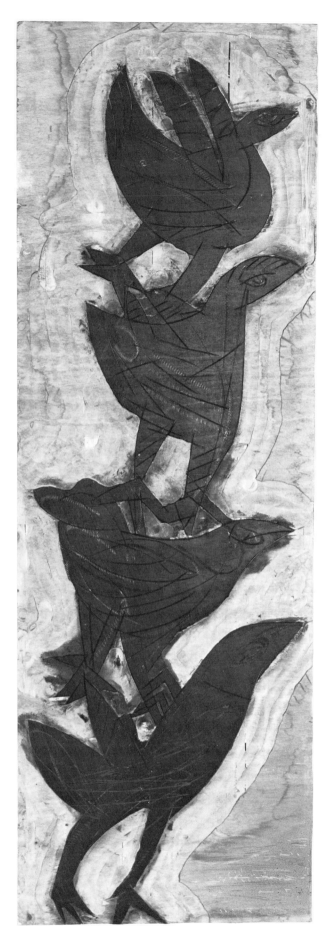

Vogelsäule · 1970 · Holzstock · 224 × 76 cm · In: *Zeitgenossen*

durch das Druckkolorit bereicherten Holzrelief. Eine solche Platte vertritt eine farbige Malerplastik auf ähnliche Weise wie die großen Holzbildwerke von Heckel, Schmidt-Rottluff und Kirchner. Die einfarbigen, durch die Neuinterpretationen von 1968 grau-schwarz gewordenen Schnitte der Bernstein-Zeit dagegen wirken wie Reliefs, in denen durch die hellen Konturen Licht und Schatten vertauscht zu sein scheinen – die Farbe irritiert die räumliche Wahrnehmung, ein Phänomen, das wir durch Picassos Maler-Plastik so gut kennen. Als ein zweiter Höhepunkt des Bestandes müssen die Platten zur *Baumblüte* rechnen. Was Grieshaber im Druck jeweils als Farbklang realisierte, erscheint hier als monochrome Folge mit plastisch-linearen Valeurs. Wie gut *jede* Platte einer Folge ausschaut, zeigen am schönsten die Stöcke des *Totentanzes von Basel* (Seite 65). Fast jede der Platten könnte als Relief für sich bestehen. Die Qualität der Einzelplatten erlaubte es Grieshaber, einzelne von ihnen, außerhalb des Zusammendrucks in der Buchfolge der Holzschnitte, zu drucken. Er nutzte diese Qualität für die Plakate zu Ausstellungen des *Totentanzes*, indem er jeweils einen anderen Stock für sich druckte und die Schrift hinzufügte, manchmal wie im Blatt *Drucker und Tod*, das ursprünglich einen skelettierten Brustkorb aus rhythmisch aufgenagelten Klavierhämmerchen zeigte, das als Plakat aber mit einer Schrift an Stelle des Brustkorbs verwirklicht wurde. Die Schrift ist so angeordnet, daß sie einen bildhaften Charakter gewinnt, besser: die bildhafte Darstellung des skelettierten Brustkorbes beschwört. Ob Schrift oder Klavierhämmer, ob irgendein anderes Druckelement: Grieshabers Umgang mit anderem Material als der geschnittenen Holzplatte erschöpft sich nie im Spiel, er zielt immer auf den Darstellungsgegenstand, so überzeugend, daß der Betrachter sich gar nicht mehr vergegenwärtigt, wie unkonventionell und abseits des Gewohnten die Druckform gewonnen wurde. *Poesia typographica* war für Grieshaber nicht nur das Spiel mit Buchstaben, es war eine spielerischleichte Handhabung alles dessen, was man zum Drucken brauchen konnte. Er sah seine Figurationen in den Zufall hinein und gab dem zufällig Gefundenen in den gedruckten Figuren einen neuen Sinn.

Ebenso ging er mit seinen einmal vorhandenen Stöcken um. Je mehr an geschnittenen Platten sich auf der Achalm ansammelten, um so größer wurde die Möglichkeit, das bereits Existierende neu zu gebrauchen, ganz oder in Teilen. Grieshabers Handschrift zeigte sich bildhaft in der Führung des Messers auf seinen Stöcken, und diese nutzte er wie Gutenberg und seine Nachfolger ihren Setzkasten – nur, daß an Stelle beweglicher Lettern die Holzstöcke traten, und daß die Texte durch Bilder ersetzt wurden. Man denkt, angesichts der jetzt im Museumsmagazin geordneten Stöcke, unwillkürlich an die Halle des Haeinsa-Tempels auf der Insel Kanhwado vor der Westküste Koreas, in der die Druckplatten der »Triptika Koreana« aufbewahrt werden, jene lange vor Gutenberg im 13. Jahrhundert entstandenen ersten auswechselbaren Holzdruckstöcke. Hier wie dort spürt man vor den Platten den in ihnen bewahrten Gehalt – Grieshaber, der sich als Abschluß des Buchdruckzeitalters sah, kommt mehr noch, als er selbst es vielleicht wußte, den Anfängen dieser Kunst nahe.

Grieshaber hätte, ohne neue Stöcke zu schneiden, mit seinem Fundus noch lange neue Bilder drucken können. Das Reservoir war, als er starb, noch nicht ausgeschöpft, auch wenn die meisten der Platten mehrmals und unterschiedlich gedruckt wurden. Besäßen diese Stöcke nur einen Sinn in Hinblick auf den Druck, müßte sich Bedauern in die Bewunderung mischen. Sie rechtfertigen sich aber aus sich selbst, sind, zumindest in der Mehrzahl, in sich schlüssige Kunstwerke und Grieshabers Zeugen für sein Abenteuer des Druckens, für den Prozeß, der dieses Abenteuer in Gang setzt: »Im Prozeß des Druckens, des Schneidens kann die Dynamik aus Gewaltsamkeit, Glück und Verzweiflung ausgelotet werden. Drucken ist eine Begegnung des Zufalls mit dem Sinnvollen. Drucken ist selbst das Erlebnis. Drucken ist Rausch des Machens und gleichzeitig Kontrolle darüber. Spannung, Gewalt des Ausdrucks, Triebkraft, Radikalität ...«[10] Besser läßt sich Grieshabers Definition seines »Umwegs Holz«, lassen sich seine Holzschnitte nicht umschreiben.

Anmerkungen

1 H.A.P. Grieshaber, *Rotkäppchen und der Maler*, Pfullingen 1964, S. 14.
2 H.A.P. Grieshaber, *Drucken ist ein Abenteuer*, Stuttgart 1978, S. 17.
3 Vgl. die einzelnen Abschnitte und ihre Überschriften in: *Drucken ist ein Abenteuer*, S. 6, 12, 177 ff.
4 Vgl. H.A.P. Grieshaber, *Unikate 1977/78*. Ausstellungskatalog Galerie Valentien, Stuttgart 1979.
5 *Rotkäppchen und der Maler*, op. cit., S. 34.
6 *Drucken ist ein Abenteuer*, op. cit., S. 19.
7 Ibid., S. 19.
8 Ibid., S. 20.
9 Ibid., S. 20.
10 Willem Sandberg und Margot Fürst, *Grieshaber – Der betroffene Zeitgenosse*, Stuttgart 1978, S. 306.

Tänzerin · 1932 · Farbholzschnitt · 15,5 × 16,5 cm

Traum · 1933 · Farbholzschnitt · 34 × 50 cm

Dorf · 1936 · Aquarell · 19,8 × 30,2 cm

Bauarbeiter · 1933 · Holzschnitt, aquarelliert · 27 × 25 cm

Engel über Stadt · 1934 · Holzschnitt · 22 × 18 cm

Der Bau · 1933 · Holzschnitt, aquarelliert · 45 × 30 cm · In: *Die Marienkirche in Reutlingen II* · 1935

Die Stadt · 1934 · Holzschnitt · 24 × 15,5 cm · In: *Die Marienkirche in Reutlingen I* · 1935

Schutzhütten · 1936 · Holzschnitt · 24 × 34 cm · In: *The Swabian Alb* · 1937

Herbstnebel · 1936 · Holzschnitt · 24 × 31 cm · In: *The Swabian Alb* · 1937

Alb · 1936 · Holzschnitt · 25 × 33,5 cm · In: *The Swabian Alb* · 1937

Am Häklerweiher bei Mochenwangen · 1938 · Holzstich · 23,2 × 24 cm

Federzeichnung · 1932 · 23,5 × 17 cm · In: *Von den Häusern in denen Allah gelobt wird* · 1933

Fellachen · 1936 · Zeichnung · 13×16 cm · In: *Ägyptische Reise*

Kreuz · 1937 · Farbholzschnitt · 40 × 45 cm

Vorleser I · 1937 · Holzschnitt · 30 × 43 cm

Hiob I, II, III · 1934 · Zusammendruck der Holzschnitte · 28 × 23 cm

Herzauge IV · 1937 · Holzschnitt und Mischtechnik · 27,5 × 22,5 cm

Weg (Frühlingsanfang) · 1939 · Farbholzschnitt · 38 × 42,5 cm

Liebespaar · 1938 · Farbholzschnitt · 35 × 42 cm

Kunst hatte längst nicht mehr die Aufgabe zu vermitteln; sie mußte offen Widerstand leisten. Allerdings traf sie den Gegner nicht symmetrisch, wie Heere in der Schlacht sich gegenüberstehen. Einsam, ohne ihren Widerhall zu kennen, tasteten sich die Künstler vor einem Abgrund, nur geleitet von ihrem Instinkt. Insgeheim wirkten alle für die Befreiung; denn Gewirktes besteht.

(Aus einer Rede, gehalten in Stuttgart im September 1947)

Halbakt · Um 1938 · Gouache · 24,6 × 18,5 cm

Gegenübergestellt der Gewalt einer beliebigen Kettenreaktion, habe ich weder Worte noch Gefühle; vergeblich auch dieser Holzschnitt aus dem letzten Krieg.

(Beitrag zu einem Protest gegen die atomare Aufrüstung, aus: *Die Kultur*, 15. April 1958)

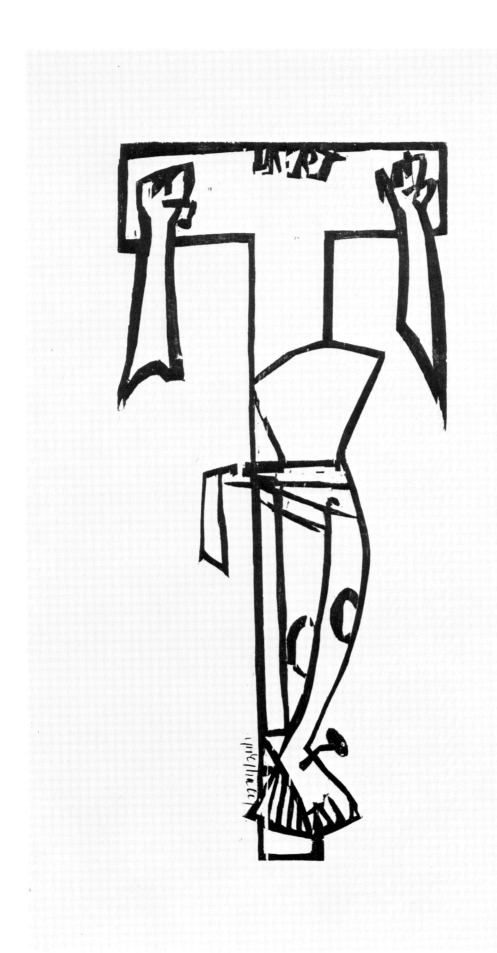

Kruzifix · Um 1941 · Holzschnitt · 78 × 35 cm

Hunger · 1945 · Holzschnitt · 13 × 18 cm

Holzhauer · 1946 · Holzschnitt · 54 × 32 cm

Katzen im Schnee · 1947 · Farbholzschnitt · 32 × 42 cm

Rotkäppchen · 1948 · Farblithographie · 48 × 55 cm

Abschied · 1949 · Farbholzschnitt · 62 × 45 cm

Paar · 1949 · Farbholzschnitt · 55 × 37 cm

Bedrohtes Paar · 1949 · Holzschnitt · 23 × 23 cm

Pan im Frühling · 1948 · Holzschnitt · 22,5 × 22 cm

Aquarell · 1948 · 44 × 62 cm

Frau mit Pflanzen · 1949 · Aquarell · 46 × 56 cm

Albumblatt II · 1949 · Holzschnitt, übermalt · 27 × 20 cm

Adam · 1949/50 · Öl auf Leinwand · 71 × 45 cm

Wer formt, erstrebt das Vollkommene, er denkt nicht an Bekanntes und auch nicht an den Kenner. Wo nur der Kenner noch Fäden spinnen kann zu einem Zusammenhang, da ist der Künstler nicht gefördert. Der Maler müßte sich also irgendwo abschließen gegen eine ihm feindselige Kunstöffentlichkeit. Wie kann er das, wenn er sein Atelier so nahe dieser verführerischen Sphäre gebaut hat. Außerhalb steht selbst der naivste Maler nicht! Vom Bewußtsein des Malers Rousseau wissen wir so wenig wie von dem, was hinter der Bauernschläue sich verbirgt. Der lebendige Geist läßt sich nicht durch eine unvollständige Induktion, die vom Markt nichts weiß, affizieren. Die Grenznähe zur sozialen Indikation in der heutigen Kunst, Maler und Lehrer zu sein, ist schief, da die Gesellschaft gar keine Kunst mehr verbraucht. Die Besitzenden spekulieren nur noch damit, und die Kenner lieben sie philosophierend, Farb- und Formphilosophie in Ausstellungen suchend und in Kunstzeitschriften findend. Dieser Bedeutungswandel des Kunstinhaltes vollzieht sich also nicht mehr in einer geronnenen Schicht (l'art pour Dieu – l'art pour l'art), sondern auf dem Markt. So bin ich am Thema beteiligt und kann in eigener Sache sprechen, auch wenn ich damit offene Türen einrennen muß. Zuvörderst, und am geringsten belastet, als Maler möchte ich sagen:

Ich bitte Sie geradezu darum, meine Damen und Herren, managen Sie, soviel Sie können; das ist es nicht, was ein Maler zu fürchten hat, er müßte schon ein schwacher Maler sein. Störend empfinde ich, was vor dem Machen, aufs Machen hin, vom Markt vorher festgelegt wird: Format, Technik, Regale, Verträge, Transporte, Kassetten, So-tun-Bütten und echte Bütten, laufende Meter und Daten, Punktsysteme und andere Systeme. Die Künstler haben von jeher gesehen und gestaltet, bevor eine geschäftige Ratio die Magie der Dinge, des Formats zum Beispiel, völlig durchatomisiert hatte. Ein Vergleich mit dem anonymen Meister des Mittelalters, der eine bestimmte Anzahl von Heiligen auf seiner Tafel darzustellen hatte (es waren doch auch seine Heiligen) wird wohl nicht mehr gewagt werden. Es ist heute ein Argument des Sozialen Realismus. Wo der Kunstmarkt so den Wagen vor die Pferde stellt, setzt er seine Macht. Wer sich ihr nicht beugt, hat es schwer.

Ein Beispiel kann der Markt nicht geben. Zum Lehren aber braucht man das Beispiel. »Er dachte an die Malerei, anstatt zu malen«, heißt es im »Jonas« von Camus. Dieses Denken begründet eine Welt, welche durch das Machen eigentlich verändert wird. Der junge, allein mit seinem Talent lebende Maler ist weder dieser Störung noch einer kommenden Gefahr gewachsen. Gerät er ins Geschleif der Kunstöffentlichkeit, so wird er leicht für Freiheit nehmen, was sie nicht ist. Spiel und Übung des reifenden Talents vor Betrieb zu schützen, ist Sorge des Lehrers. Das heißt nicht, daß er die Jugend vom Markt fernhalten soll oder sie erst dann der Kunstöffentlichkeit vorstellen, wenn sie vor dieser kapituliert. Ich glaube im Gegenteil, daß neue Impulse die Verhärtung des Marktes wieder aufbrechen können. Leider sind gerade die neutralen Standorte wie Akademien und Museen nicht geneigt, neuen Impulsen freie Bahn zu geben. Von woher aber soll dann die Erneuerung und Kraft zum Widerstand gegen die staatlichen Institutionen kommen, wenn die Jugend nicht einbezogen und mitverantwortlich beteiligt ist?

Wie ein perfekter Motor springen die 20jährigen heute an, wenn man sie in eine moderne Galerie bringt oder ihnen die neueste Zeitschrift vom Kunstmarkt vorlegt. Glück und Gefahr ihrer Jugend! Gewiß, eine heftige Reaktion hat selten Dauer. Heftigkeit allein, wo sie nicht mit Kraft gepaart ist, vermag keine Welt zu verwandeln und zu schaffen. Auf dem Markt, wo der Fliehpunkt des Ich nicht existiert, bleibt zuletzt ein mattes Gefühl zurück. Aus diesem gibt es überhaupt keinen wirklichen Zugang zum Geistigen. Das Kunstwerk wird nur als Stimulanz im Vorbeigehen genommen. Der für die Wirklichkeit noch nicht gestärkte jugendliche Sinn glaubt in den Strukturen der Ausdrucksmittel bereits die Strukturen des Daseins zu erleben. Jugend will geschwind fertig werden, eine Sache rasch erledigen. Gefördert vom materialistischen Zug der Zeit, der uns nur kreatürlich, auch im Geistigen, fast von der Hand in den Mund leben läßt.

(Aus: Baden-Badener Kunstgespräche vom 31.10.1959, gekürzte Fassung)

Vogelfrei · 1951 · Farbholzschnitt · 119 × 68 cm

Morgen · 1950 · Farbholzschnitt · 85 × 57 cm

Vogel · 1951 · Farbholzschnitt · 47 × 47 cm

Selbstbildnis · 1953 · Farbholzschnitt · 111 × 62 cm

Herbst · 1953 · Farbholzschnitt · 70 × 52 cm

Deutschland · 1952 · Entwurf zum Holzschnitt · 105 × 200 cm

Motorrad · 1952 · Entwurf zum Holzschnitt · 150 × 55,5 cm

Freunde · 1953 · Farbholzschnitt · 84,5 × 59 cm

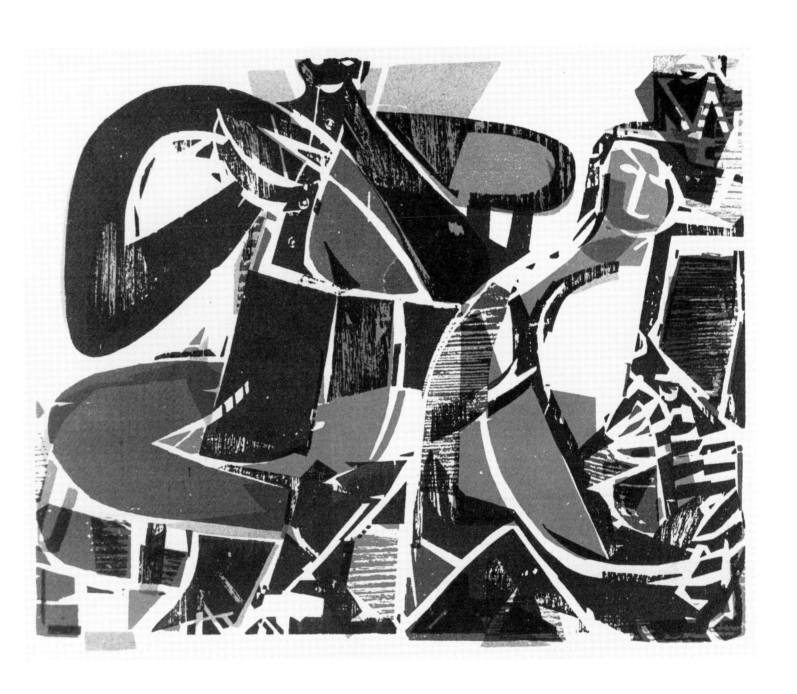

Eros I · 1953 · Farbholzschnitt · 35,5 × 45,5 cm

Schmerzensbild · 1952 · Farbholzschnitt · 151 × 133 cm

Herbst · 1953 · Farbholzschnitt · 57,5 × 63,5 cm

Engel · 1953 · Farbholzschnitt · 62 × 53 cm

Scheidung · 1952 · Farbholzschnitt · 84 × 108 cm

Verlorener Sohn · 1952 · Farbholzschnitt · 104 × 114 cm

Koppel · 1950 · Farbholzschnitt · 82 × 102 cm

Tanz der Gebärenden · 1954 · Farbholzschnitt · 100 × 91,5 cm

Herbst · 1954 · Farbholzschnitt · 113,5 × 109 cm

Frühling · 1957 · Farbholzschnitt · 86 × 94 cm

Die Tanzenden · 1955 · Holzschnitt · 21,5 × 19,5 cm

Baby (Geburt) · 1954 · Holzschnitt · 21 × 21 cm

Der Vater · 1957 · Farbholzschnitt · 86 × 104,5 cm

Marcinelle · 1956 · Farbholzschnitt · 70 × 50 cm

Frauen- und Männerkopf · 1956 · Farbholzschnitt · 47 × 29 cm · In: *Janus*

Wilder und zahmer Kopf · 1956 · Farbholzschnitt · 45,5 × 31,5 cm · In: *Janus*

Truthahn · 1957 · Farbholzschnitt · 82,5 × 60 cm

Vater Tod · 1955 · Farbholzschnitt · 124 × 65 cm

Sommer · 1956 · Farbholzschnitt · 80 × 105 cm

Ulmo · 1958 · Farbholzschnitt · 80 × 100 cm

Der Geiger · 1956 · Bleistiftzeichnung · 87 × 61 cm

Fohlen · 1961 · Silberstiftzeichnung · 56 × 76 cm

Fasanerie · 1957 · Farbholzschnitt · 60,5 × 85 cm

Serviermädchen (Wurlitzer Orgel) · 1957 · Farbholzschnitt · 100 × 57 cm

Spiritual II · 1957 · Farbholzschnitt · 43 × 60,5 cm

Paar · 1957 · Farbholzschnitt · 70,5 × 50,5 cm

Ungarn · 1957 · Farbholzschnitt · 36 × 31 cm

Falke · 1958 · Holzschnitt · 23 × 21 cm

populus robusta · 1958 · Holzschnitt · 133 × 93 cm

Das Pferd · 1959 · Holzschnitt · 38 × 53,5 cm · In: *Dunkle Welt der Tiere*

Gefiederte Schlange · 1959 · Holzschnitt · 53 × 31 cm · In: *Dunkle Welt der Tiere*

Schwarzer Odysseus · 1958 · Farbholzschnitt · 42 × 60 cm

Godot I · 1959 · Holzschnitt · 32 × 54 cm

Christophorus · 1958 · Farbholzschnitt · 38 × 30 cm

Herbst I · 1959 · Gouache · 86 × 57 cm

Der Künstler darf heute darüber nicht in Erstaunen geraten und verwundert sein, wenn das, was ihn erschüttert hat, für gar nicht so wichtig genommen wird. Ein großer Teil empfindet ja kaum noch das Gewicht der Dinge, die uns bedrohen. Unsere emotionalen Kräfte sind gar nicht mehr so im Gleichgewicht, daß wir fest auf den Füßen stehen und standhaft bleiben. Die Last wird sogleich auf den anderen abgewälzt. Dem nächsten, dem wir begegnen, aufgeladen. Jede Last, mit der wir beladen sind, stellt uns auf die Probe. Entweder etwas demütig zu erkennen oder mutig Widerstand zu leisten durch einen persönlichen Willen. Noch leiden zu können, unsere äußere Not als Leid und Unbehagen zu spüren und ertragen zu können, ist eine geistige Tat! Die Künstler scheuen nicht die Auseinandersetzung mit den wirklichen Nöten ihrer Zeit. Beim Künstler tritt an die Stelle des dumpfen Gefühls der Dinge eine visuelle Aufgeschlossenheit. Die Wirklichkeit in dieser Anschauung zu erfassen, ist nur wenigen gegeben – und auch diesen nur in reichen Augenblicken. Ist das Leben auch kümmerlich geworden, solange der Mensch sich dessen geistig bewußt bleibt, hat er sich nicht selbst aufgegeben. Die ganze schwere Fracht bleibt sonst nur angeschwemmt. Sie wird nicht gesichtet und geordnet. Natürlich hat die Seele heute Mühe, zwischen Krieg und dem Wunsch nach Frieden die Last sich tragbar zu machen. Sie stößt und reibt sich an den Gitterstäben eines Käfigs, der selbst im Wanken und vom Meer der Unsicherheit bedroht ist. Nur selten läßt der Beruf noch Raum, um einen Überblick zu tun und herauszufinden, auf was es geistig ankommt. Wie die Arbeit mannigfaltig aufgeteilt und in Spezialarbeiten aufgespalten ist, so scheint auch der Kern der Persönlichkeit heute aufgespalten. Nur in der Weite einer Schau, einer Überschau, nicht in der Kurzsichtigkeit und der geringen geistigen Spanne, die diese Teilfunktionen noch zulassen, kann die Seele noch Visionen haben.

Denken wir an einen Arzt, der bei einer Grippeepidemie nicht mehr bei allen Kranken herumkommt und, um den Kopf oben zu behalten, eine bestimmte Ordnung einführen muß, sich ein System zurechtlegt. So, wie er mit den Nöten fertigwerden muß, so glauben wir, mit dem Kamm des Verstandes die Wirklichkeit durchziehen zu können, ein System der Entlastung zu konstruieren, in dem alles aufgeht. Die verstandesmäßige Verengung gibt nur eine bestimmte Disposition von unserem Heute. Sie verhindert ein wirkliches Sichaneignen, ein zu Herzen Nehmen der Dinge. Ein geistiges Besitzergreifen, das erst den Mut zur Möglichkeit einer neuen Zielsetzung gibt. Wie bei einem Sieb fällt manches durch. Wir müssen uns etwas Zeit nehmen zu betrachten, was dabei durchgefallen ist. Wie viele Bestandteile des Substrats der Wirklichkeit zu Boden gefallen sind. Und das sowohl bei Künstlern wie bei den rezipierenden Beschauern. Bei den Künstlern ist es relativ einfach, sie projizieren gleichsam – sie waren unvorsichtig genug, es zu zeigen – ihr gespaltenes Ich. Wir sehen Bilder verschiedener Kunstrichtungen. Damit fallen Schleier verschiedener Möglichkeiten. Wir sehen, wie verschieden ein Mensch die Wirklichkeit angibt, wenn er sein Innenleben zeigt. Ist die äußere Last und Anspannung der Zeit übergroß geworden, so wird auch das Subjekt überbelastet. Der überbelastete Zustand wird seltsame, oft krankhaft anmutende Blüten treiben. Wirklich belastet fühlen davon darf sich nur eine Persönlichkeit, die sich jenseits der Fragen unserer Zeit noch entwickelt hat. Wir brauchen eine Kunst, die in solche Sphären geht, um uns zu helfen. Wie sollen wir anders eine Kontrolle gewinnen, wenn wir uns nicht an das Material der heutigen Seele heranwagen. Wäre es noch so struppig und skurril. Wer in dieser Weise sucht, ist dankbar allen diesen Produktionen, hinter denen ein Wille steht, der das Leben, das uns vorausgesprungen ist, meistern will. In einer so zerklüfteten und belasteten Zeit, die so gigantisch zerrissen ist, wo nichts mehr feststeht, vom Künstler zu verlangen, daß er unbelastet sei, ist eine seltsame Forderung.

(Aus dem Vortrag »Belastung und Entlastung durch Kunst«, 1948)

Godot II · 1960 · Holzschnitt · 90 × 72 cm

Chow-Chow · 1953 · Farbholzschnitt · 62 × 63 cm

Fjordpferde · 1960 · Farbholzschnitt · 80 × 100 cm

Großer Figurenstrauß · 1960 · Farbholzschnitt · 98 × 74 cm

Kleiner Figurenstrauß · 1960 · Farbholzschnitt · 81 × 56 cm

Ente · 1960 · Farbholzschnitt · 40 × 50 cm

Paar · 1960 · Farbholzschnitt · 61,5 × 48,5 cm

Hühnerdieb · 1961 · Silberstiftzeichnung · 56,5 × 76 cm

Zum Lobe des Bildhauers · 1961 · Siberstiftzeichnung · 56 × 76 cm

Kalbträger · 1961 · Silberstiftzeichnung · 76 × 56 cm

Flüchtling · 1961 · Silberstiftzeichnung · 76 × 56 cm

Afrikanische Passion · 1960 · Triptychon · Entwurf · Linker Flügel: Tanzender Afrikaner · 120 × 90 cm

Rechter Flügel: Tanzende Araber · 120 × 103 cm

Mitte: Raketenmensch · 120 × 68 cm

Gestürzter Engel · 1960 · Holzschnitt · 10 × 14 cm

Gestürzter Engel · 1960 · Holzschnitt · 14 × 10 cm

Hase · 1960 · Farbholzschnitt · 34,8 × 49 cm

Hängebauchschwein · 1962 · Holzschnitt · 37,5 × 60 cm

Siamkatzen · 1960 · Farbholzschnitt · 49 × 45 cm

Katze und Vogel · 1960 · Farbholzschnitt · 44 × 60 cm

Blaue Vase, Hommage à Cézanne · 1960 · Gouache · 58 × 38 cm

Blaue Vase, Hommage à Cézanne · 1960 · Farbholzschnitt · 58 × 38 cm

Deine Pariser Bilder regen mich zu einigen Betrachtungen an, die, noch im Urzustand, weiter gereift, das Büchlein begleiten könnten.
Ich denke mir da ungefähr folgendes:
Daß, so wie die Sonne im Osten den Tag erweckt und ihre Reise gen Abend nach Westen beginnt, und diesen Weg nie umgekehrt beschreitet, so ungefähr es auch den Deutschen geht, die verzaubert dort (in Paris) die kleinen Dinge finden, die Luft, die herrliche Pariser Luft. Wendet sich aber so einer wieder zurück, so wird er meist sein Land ein wenig schief betrachten – verzerrt aus einem Anspruch an Freiheit (liberté), aus einem Anspruch auf Nuancen (Differenzierung) –, sich allsogleich in der Gesellschaft mit Heine, Börne befinden, genau so traurig und genau so ohnmächtig diesem Lande der Hinterfüßer gegenüber. Er wird zuerst ganz naiv in Germany die Fortsetzung, den zweiten Akt zum ersten, den er dort in Paris zu seinem großen Entzücken aufführen sah, erwarten: Wobei das Stück hier gar nicht gespielt, nicht einmal ein Theater dafür vorhanden – selbst in der Scenerie nur ein paar mit Plakaten überklebte Kulissen herumstehen.
Die ich übrigens sehr liebe – um ihrer tiefen Menschlichkeit willen (soll auch fraternité ungut sein, was verschlägt's). Hier wäre mit der Antithese einzusetzen, Frankreich als Tradition, das Land der Antike zu sehen, das selbst im halbverfallenen Firmenschild römische Antiqua und im bizarren Katholizismus griechische Philosophie (Platon, Aristoteles etc. –) hat. Frankreich auf uns angewandt heißt, mit einem vor Jahrtausenden geeichten Gewicht eichen zu wollen, nachdem der Urmeter, das Eich-Maß, nicht in Paris, sondern wie bisher in der Antike zu suchen und zu finden ist. Wobei man die Herren Germanen höflichst einladen müßte, endlich einmal jene Art weit zu sein nach allen Seiten, jene Weise tief zu sein in allen Schatten, (Ende fehlt)

(Aus einem Brief an Walter Renz vom 25.8.1937)

Les Noces · 1962 · Farbholzschnitt · 107,5 × 155 cm

Persephone · 1962 · Farbholzschnitt · 106,5 × 155 cm

Chout · 1962 · Farbholzschnitt · 107 × 155 cm

Der Feuervogel · 1961 · Farbholzschnitt · 52 × 38 cm

Paar · 22/VII/61 · Farbholzschnitt · 21,5 × 20,5 cm

Astra, weiße Wolke · 1963 · Farbholzschnitt · 24 × 28 cm

Noways Ambassador · Um 1963 · Gouache · 55 × 73 cm

Landschaft · 1961 · Holzschnitt · 37 × 40 cm

Pax · 1963 · Farbholzschnitt · 120 × 75 cm

Paar · 1963 · Farbholzschnitt · 29,5 × 19 cm

Paar unter Zweigen · 1963 · Holzschnitt · 75 × 50 cm

Lemuria · 1963 · Schieferschnitt · 243 × 119 cm

Obsidian · 1963 · Schieferschnitt · 243 × 85 cm

Vater Rhein · 1965 · Holzschnitt · 37 × 45,5 cm

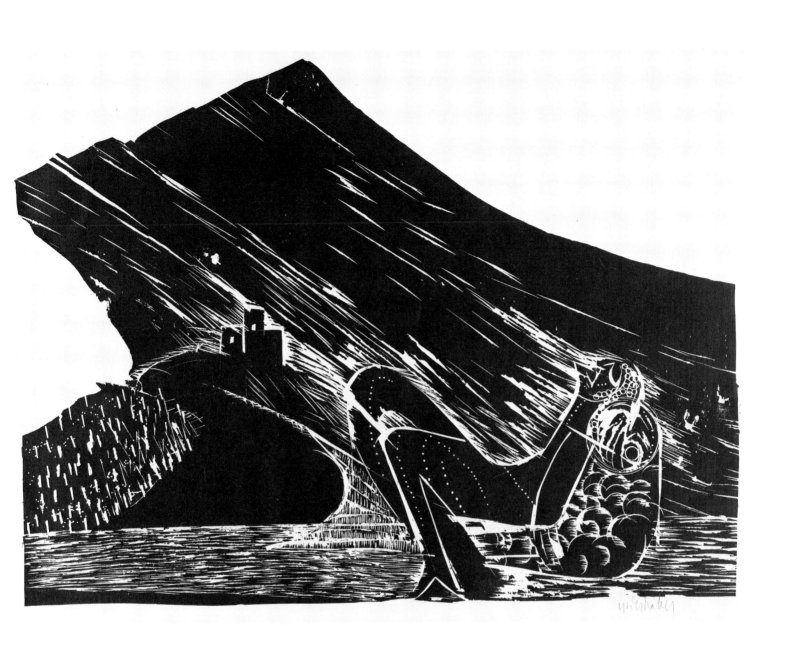

Schwarzer Fels · 1965 · Holzschnitt · 37 × 50 cm

Christophorus · 1965 · Farbholzschnitt · 60 × 40 cm

Hirte der sanften Gewalt · 1966 · Farbholzschnitt · 65 × 46,6 cm

Garten · 1964 · Farbholzschnitt · 70 × 98 cm

Ara · 1966 · Holzschnitt · 66,5 × 52 cm

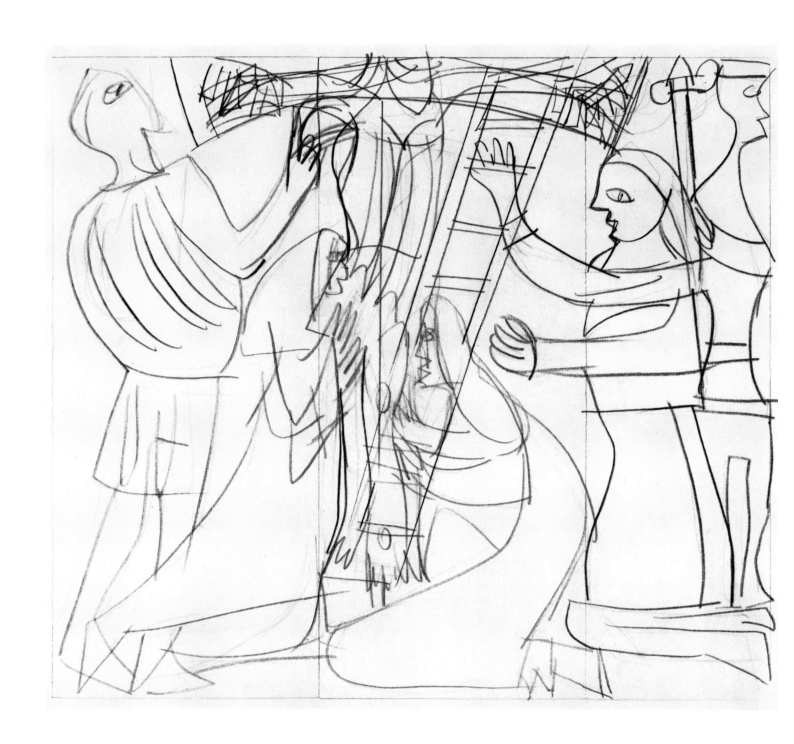

Kreuzigung · 1966 · Bleistiftzeichnung · 36 × 40 cm

Gospelsänger · 1964 · Gouache · 56,2 × 34 cm

Der Blinde · 1966 · Holzschnitt, Schwarzweiß-Fassung · 43,5 × 34,7 cm · In: *Totentanz von Basel*

Die Jungfrau · 1966 · Holzschnitt, Schwarzweiß-Fassung · 45 × 35 cm · In: *Totentanz von Basel*

Der Maler · 1966 · Holzschnitt, Schwarzweiß-Fassung · 44,3 × 34 cm · In: *Totentanz von Basel*

Der Maler · 1966 · Farbholzschnitt · 44,9 × 34,7 cm · In: *Totentanz von Basel*

Der Kirbepfeifer · 1966 · Farbholzschnitt · 44,9 × 34,7 cm · In: *Totentanz von Basel*

Der Herold · 1966 · Farbholzschnitt · 45 × 35 cm · In: *Totentanz von Basel*

Presse-Engel · 1966 · Farbholzschnitt · 41 × 29 cm

Bileam II · 1966 · Farbholzschnitt · 41 × 29 cm

Gäa und Flötenspieler · 1967 · Holzschnitt · 200 × 120 cm · In: *Männerwald*

Ceres und Polias · 1967 · Holzschnitt · 200 × 120 cm · In: *Männerwald*

Kreuztragung (II) · 1967 · Farbholzschnitt · 35 × 41,5 cm · In: *Polnischer Kreuzweg*

Dritter Fall (IX) · 1967 · Farbholzschnitt · 35 × 45,5 cm · In: *Polnischer Kreuzweg*

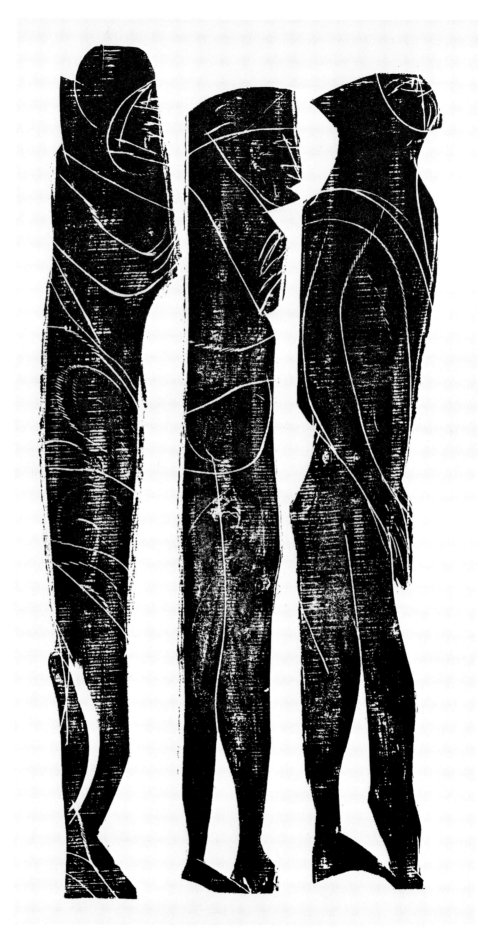

Stelen · 1968 · Holzschnitt · 205 × 100 cm

Der Mantel · 1969 · Farbholzschnitt · 70 × 80 cm · In: *Der Kreuzweg der Versöhnung*

Bayrischer Schulfunk · 1967 · Holzschnitt · 53 × 70 cm

Paar vor Fabrik · 1968 · Farbholzschnitt · 23,5 × 16,5 cm

Mutter · 1952/1969 · Holzschnitt · 160 × 101 cm

Partygirl · 1969 · Collage · 77 × 59,5 cm

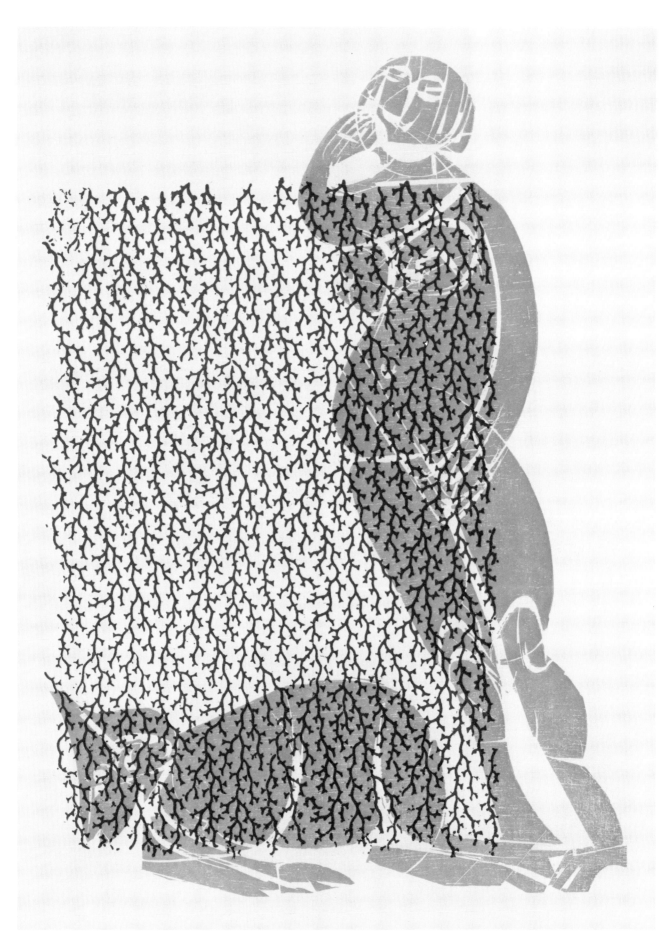

Rufende Hirtin · 1969 · Farbholzschnitt · 28 × 20 cm · In: *grob, fein & göttlich* · 1970

Paar am Dornbusch · 1969 · Farbholzschnitt · 28 × 18,5 cm · In: *grob, fein & göttlich* · 1970

Mittwoch 9–12 Uhr

à propos Aktzeichnen

Es ist nicht vorteilhaft für die Kunst, sich durch das Modell zum Abzeichnen verleiten zu lassen, zufällige Überschneidungen und Verkürzungen allzu wichtig zu nehmen.
Überschneidungen und Verkürzungen fordern vielleicht kompliziertere Mittel als zeichnerische ......
Man meidet am besten die Scheinkontur, auch dort, wo sie genialisch tut. Denn man kann dem betrachtenden Auge schmeicheln – ein Künstler weiß nichts von einem solchen Auge –, ohne ein strenges Gerüst entdeckt zu haben, man kann ein so-tun-zeichnen betreiben.
Wahre Anmut, die ein strenges Gerüst füllt und bekleidet, ist nicht dasselbe wie eine gute Flächenaufteilung aus gewandten Strichen.
Eine reich entwickelte Form wie der menschliche Körper setzt sich aus so vielartigen Formerfindungen zusammen, daß ein langes Leben oft nicht ausreicht, um hier vollkommen zu sein.
Skizzieren meint wahrhaft studieren.

Grieshaber

(Aushang in der Staatlichen Akademie der Bildenden Künste Karlsruhe, um 1959)

Dresden-Nürnberger Dürer · Zweite Fassung, 1970 · Farbholzschnitt · 224 × 120 cm

Traum des Pharao I: Die fetten Kühe · 1970 · Linolschnitt · 117 × 144,5 cm · In: *Josefslegende*

Josef und seine Brüder · 1970 · Linolschnitt · 117 × 144,5 cm · In: *Josefslegende*

Figurenstrauß · 1971 · Gouache · 51,5 × 28,5 cm

Figurenstrauß · 1971 · Gouache · 48,5 × 32 cm

März – Osterritt · 1971 · Holzschnitt · 10,5 × 8 cm   Juli – Umarmung · 1971 · Holzschnitt · 9,5 × 5 cm

Oktober – Lebensbaum · 1971 · Holzschnitt · 11 × 8,3 cm

November – Hirte · 1971 · Holzschnitt · 13 × 6,5 cm

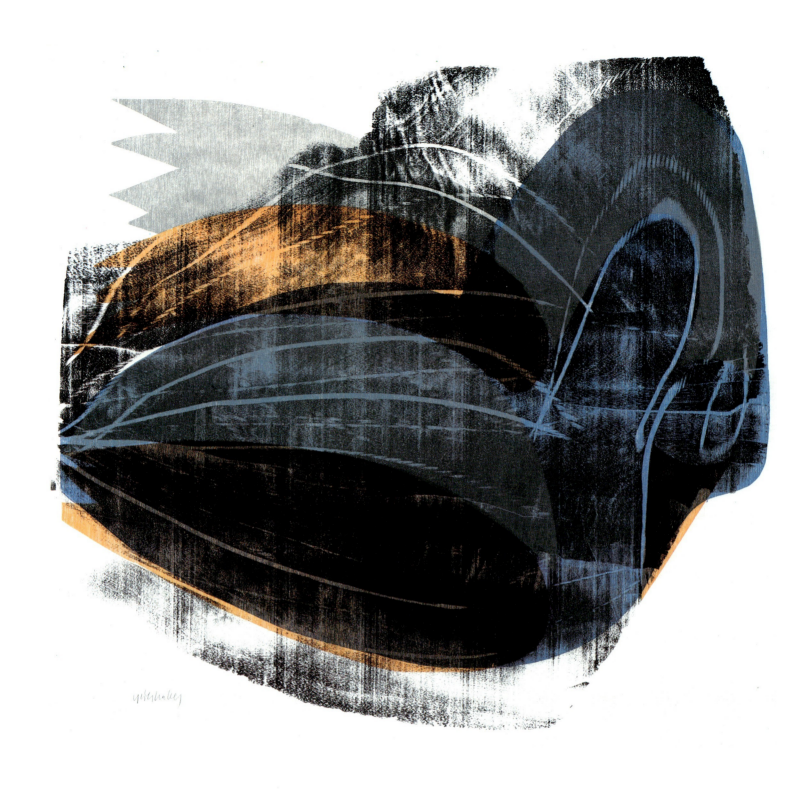

Sterbende Graugans, Hommage à Konrad Lorenz · 1971 · Farbholzschnitt · 56 × 61,5 cm

Hommage à Picasso · 1972 · Farbholzschnitt · 41,5 × 30 cm

Das andere Ufer vor Augen · 1972 · Zwischen Schleiz und Greiz
Holzschnitt · 23,5 × 16 cm (links) – Holzschnitt mit Zeichnung · 23,5 × 16 cm (rechts)

Das andere Ufer vor Augen · 1972 · Zwischen Schleiz und Greiz
Holzschnitt mit Lithographie · 23,5 × 16 cm (links) – Lithographie · 21,5 × 15 cm (rechts)

Sintflut · 1972 · Untergehende mit den Wildpferden (links) · Untergehende Hirsche und Eichhörnchen (rechts)

Untergehende mit den Elchen (links) · Untergehende Autos mit Kamel (rechts) · Holzschnitte · Je 300 × 100 cm

Sterbender Elefant · 1972 · Farbholzschnitt · 29,5 × 42 cm · In: Pablo Neruda, *Aufenthalt auf Erden* · 1973

Vorwelt · 1972 · Farbholzschnitt · 28,8 × 42 cm · In: Pablo Neruda, *Aufenthalt auf Erden* · 1973

Klasse 8a, Hardtschule, 7333 Ebersbach
16.12.1974

Sehr geehrter Herr Grieshaber!

Unser Lehrer hat das Kalenderblatt mit dem Geigenspieler Anfang 1974 im Klassenzimmer aufgehängt. Dort hängt es nun schon ein ganzes Jahr lang. Jetzt haben wir uns mit unserem Lehrer zusammengesetzt und über das Bild gesprochen. Dazu haben wir aber noch viele Fragen.
Wir bitten Sie darum, die Fragen, die Sie für wichtig halten, uns zu beantworten. Damit Sie nicht so viel Zeit brauchen, können Sie die Antworten gleich daneben schreiben.

Vielen Dank für Ihre Mühe und freundliche Grüße
i.A. die Klassensprecher: Angelika Rill Paul Rösch

1. Wann haben Sie das Bild gemalt?
2. Wieso haben Sie gerade dieses Bild, einen Musiker, als Kalenderblatt genommen?
3. Fiel Ihnen das Thema spontan ein?
4. Sie haben sehr viele Flötenspieler gedruckt.
   Hat es einen Grund, daß Sie diesmal einen Geiger machten?
5. Warum steht der Geiger nicht, sondern sitzt?
6. Hat der Geiger die Violine wie beim Stimmen zwischen Kinn und Fuß geklemmt oder spielt er?
7. Sind Sie musikalisch?
8. Was haben Sie empfunden, als Sie dieses Bild malten?
9. Warum haben Sie gerade die Farben Grün, Rot und Gelb verwendet?
10. Warum ist alles aus Holz grün?
11. Warum ist die Figur orange, wie Fleischfarbe?
12. Warum haben Sie solch einen Bauernstuhl gemalt? Die Figur und die Geige sind nämlich ganz einfache Formen.
13. Soll das Herz im Stuhl etwas bedeuten oder ist es da, weil Bauernstühle oft solche Herzen haben?
14. Die Stuhllehne ist wurmstichig. War das Holz schon so oder haben Sie es so gemacht?
15. Die Beine des Stuhles sind so kerzengerade. Sollten sie nicht schief stehen oder ein bißchen verschnörkelt sein?
16. Ist es Absicht, daß die Überschneidung zwischen Stuhllehne und Figur so stark zu sehen ist?
17. Wir meinen, daß alle Teile im Schatten rot gedruckt sind. Warum nehmen Sie Rot als Farbe für den Schatten?
18. Die roten Stuhlbeine sind doch hinten, man meint aber, daß sie vorne sind. Sehen wir das richtig?
19. Wie lange malen und drucken Sie schon?
    Wie kamen Sie auf die Idee, diesen Beruf zu erlernen?
20. Haben Sie für 1975 wieder ein Kalenderblatt gemacht und was ist diesmal drauf?

Grieshaber beantwortet Fragen einer Schulklasse (1975)

Wann entsteht ein Bild? Wer könnte das so genau sagen. Manchmal steigt aus Kindheitseindrücken etwas herauf und will sich realisieren. Der Holzschnitt zum »Geiger von Gmünd«, den ich 1971 geschnitten habe, hat eine lange Geschichte. Sie hat mit den ersten Schuljahren begonnen. Ist im Elternhaus geprägt worden. Mein Vater hat sie sozusagen in mich hineingeschlagen. Sein unglückliches Verhältnis zur Geige ist es gewesen. Der Großvater, Rektor in Plochingen, wollte

Der Geiger von Gmünd · 1971 · Farbholzschnitt · 84 × 56,5 cm

einen Lehrer aus ihm machen. Dazu mußte man wohl damals Geige spielen können. Da aber mein Vater partout nicht Schulmeister werden wollte, hat er einfach nicht Geigengriffe gelernt. Die Geige blieb im Kasten so lange, bis er sie mir dann, als ich groß genug dafür war, feierlich zum Üben gab. Für die Hausmusik. Vielleicht neigt deshalb mein Geigerlein voll Mitleid sein Haupt. Wie gut verstand ich den Geiger von Gmünd und fühlte mit ihm, als wir in der Schule das Gedicht von Justinus Kerner auswendig lernen mußten! Schwäbisch Gmünd wurde zu meiner geheimen Stadt, oft träumte ich von ihr, weil dort »liebreich jedes Geigerlein empfangen wird«!

Und weil es immer ein Fest sein soll, sind die Farben so lustig: grün, rot und gelb. Die Farben des Mittelalters. Eine Zeit mit kräftigen, ich meine roten Schatten. Bauernkrieg und Hingebung, so empfinde ich das noch heute. Aber die Stimmungen, die einer hat, die führen ihn nicht geradewegs hin zur Kunst. Ein starkes Gefühl schafft es nicht allein. Sonst wäre Kitsch auch Kunst. Das Herzchen im Bauernstuhl ist zu oft wiederholt worden. Ich habe es nicht nachgeschnitten, sondern so gelassen. Alles, was gemacht wird bei einem Bild, muß frisch sein. Die wichtigen Erlebnisse mögen eingesickert sein, es vergehen Jahrzehnte, bei unserem Geiger mehr als ein halbes Jahrhundert, plötzlich dringen sie spontan an die Oberfläche, und das Bild ist da. Die künstlerische Bildung, die dazu nötig ist, habe ich durch Marc Chagall bekommen. Seine Kunst hat meine Entwicklung lange beherrscht – der geigenspielende Rabbi auf dem Dach der Synagoge, die vielen geigenden Juden, die beim Begräbnis vorauszogen oder zur Hochzeit aufspielten. Ein atembeklemmender Raum, in dem Chagalls Figuren tanzten, spielten und sich liebten. Da hat ein Geiger sein Haupt aus Trauer oder voll Freude verkehrt herum auf sein Instrument gelegt, dort stand einer Kopf und geigte seinen Füßen zu, einer schlief gar im Geigenkasten, der als Pendule an der Wand der Hütte hing. Weit im fernen Rußland hatte der »arme Sohn der Lieder« aus Justinus Kerners Gedicht einen Bruder gefunden. Einen, der noch viel mehr Menschen in einem neuen Jahrhundert in seinen Bann gezogen hat. Ja, ich möchte fast sagen, die wundersame Welt von Marc Chagall hat mich manches lieben gelehrt, was mir schon immer nahe lag, zum Beispiel, wie schwankend die Dinge sein dürfen, so daß man sich frägt: »Hat der Geiger die Violine wie beim Stimmen zwischen Kinn und Fuß geklemmt oder spielt er?« »Sind die roten Stuhlbeine hinten oder vorn?« Was ist wahr? »Und warum stehen die Beine des Stuhls so kerzengerade?« Es ist alles Liebe! Man sieht also, wie die Kunst mir geholfen hat, nichts zu beachten als das, was Kunst an Glück verschenken kann. Besonders in den Jahren, in denen ich zu mir selber gefunden habe und wie ein fremder Mönch in auferlegter Klausur leben mußte. Sonst wäre ich sicher einmal nach Schwäbisch Gmünd gekommen. Hätte die Johanniskirche gesehen und die Madonna an der Südwand und das Heiligkreuzmünster. Die Bausteine für meinen Holzschnitt blieben der Umwelt lange verborgen, und ich hatte Zeit, einen Raum zu finden, der meinem Gemüte angemessen war. Derjenige von Chagall, der ihn mit dem französischen Kubismus und dem Surrealismus verband, lag nicht auf meinem Weg. Auch die Strenge russischer Ikonen förderte mich nicht. Was durch meine Holzschnitte sichtbar wird, das hat die Schulklasse in Ebersbach gesehen. Sie hat jedes Detail gesehen und erkannt. Aber weil Sie nun einmal Ihren eigenen Empfindungen mißtrauen, deshalb fragen Sie lieber noch einmal. Fragen, die den Buben und Mädchen der Klasse ihre Augen längst beantwortet haben. Sie möchten halt nicht von einem Gefühl betrogen worden sein. Der Geiger tut Ihnen leid, das ist aus den Fragen herauszuhören. Nun wissen Sie die Antwort auf viele Fragen, die unser Verstand dem Auge stellt. Sie wissen auch, warum ich dem Geigerlein ein Stühlchen hingeschoben habe. Ein Stühlchen, das nicht schief steht und auch »kein bißchen verschnörkelt« ist. Das Geigerlein ist wieder froh, es ist nach Hause gekommen. Es sitzt an einem Ort, an dem es wohlgelitten ist, und hat, so hoffe ich, auf alle Fragen eine tröstende Antwort, denn: Unser Fragen hält die Wunde offen. Ich danke Ihnen allen dafür!

Der Geiger im Rhein · 1965 · Holzschnitt · 20 × 19,5 cm

Pan in Dornen · 1975 · Gouache · 78,5 × 54,5 cm

Harpunier am Wal · 1974 · Holzschnitt · 39 × 26 cm · In: *Stop dem Walfang!*

Achalm · 1969 · Farbholzschnitt · 26,5 × 21 cm

Vereinigung am Neckar · 1974 · Farbholzschnitt · 71 × 65 cm

PS 414141 Dürre Afrika – help! · 1973 · Holz- und Korkschnitt · 24 × 31 cm

Epitaph für Allende · 1973 · Farbholzschnitt · 56,3 × 38,5 cm

Gewandnamen

Auf der Buch
bei den großen Buchen
beim Buchenstock
in den Fäulen
am Gängle
Gaulhimmel
auf der Haiden
Haselwies
Heuweg
Hirtenmahd
Hungerbühl
im Jägerhorn
Ochsenwegle
Liebenhalde
im Bua
beim Mädle
es lohnt sich
dem Volk aufs Maul zu schaun

(1969)

Herbstlaub · 1978 · Korkschnitt, weiße Kreide und Gouache · 61,7 × 37 cm

Elephant · 1973 · Holzschnitt · 36,5 × 25,6 cm

Sphinx mit Hammer und Sichel · 1973 · Holzschnitt · 47 × 29,6 cm

Vierteilung Jerg Ratgebs · 1973 · Holzschnitt · 117 × 150 cm

Bücherverbrennung · 1975 · Holzschnitt · 20,5 × 30,5 cm

Der Mann mit der Machete · 1976 · Holzschnitt · 24 × 14 cm · In: *Herreißend die Zukunft*

Partisan · 1976 · Holzschnitt · 30 × 11 cm · In: *Herreißend die Zukunft*

Unica der Wacholderalb in Grisaille · 1976 · 31 × 47 cm

Unica der Wacholderalb in Grisaille · 1976 · 34,5 × 37,5 cm

Paraphrasen zum Ratgeb-Altar V · 1977 · Holzschnitt und Tusche · 70,5 × 68,5 cm

Paraphrasen zum Ratgeb-Altar VI · 1977 · Holzschnitt und Tusche · 73 × 64,3 cm

Paare IV · 1977 · Holzstock · 104,5 × 70,5 cm · In: *Die Liebe ist ein Hemd aus Feuer*

Paare V · 1977 · Holzstock · 104 × 71,2 cm · In: *Die Liebe ist ein Hemd aus Feuer*

Aquarell · 1979 · 75 × 58 cm

Aquarell · 1979 · 102 × 73 cm

Schwarze Rose · 1977 · Holzschnitt und Tusche · 34 × 22 cm · In: *Unica für Heinar Kipphardt*

Krähen · 1977 · Holzschnitt und Tusche · 37 × 24 cm · In: *Unica für Heinar Kipphardt*

Dionysos · 1979 · Farbholzschnitt · 43,5 × 35,5 cm · In: *Hellas*

Elefteros · 1979 · Farbholzschnitt · 45,5 × 36,5 cm · In: *Hellas*

Zwei Bleistiftzeichnungen über Ablichtungen von Tuschen · 1980 · 29,7 × 21 cm

»Die Zeichnung verschwindet irgendwann. Solange kann man damit leben«

Schaumkraut II · 1980 · Holzschnitt · 29,5 × 9 cm

Schaumkraut III · 1980 · Holzschnitt · 27,5 × 9,5 cm

Rückkehr in die Freiheit, Ängste und Hoffnungen · 1980 · Holzschnitt · 82 × 60,5 cm

Lebensdaten

Das folgende Gespräch vom September 1979, in der Reihe *Butzbacher Künstler-Interviews*, herausgegeben von Hans-Joachim Müller, 1980 im Eberhard Roether Verlag, Darmstadt, veröffentlicht, gibt so weitgehenden Aufschluß über den Lebensweg des Künstlers, daß zusätzliche biographische Daten kurz gefaßt sein können. HAP (Helmut Andreas Paul) Grieshaber wurde am 15. Februar 1909 in Rot an der Rot (Oberschwaben) geboren. Er starb am 12. Mai 1981 auf der Achalm und ist in Eningen unter Achalm auf dem Friedhof begraben, für dessen Halle wenige Jahre zuvor das Antependium an der Kanzel nach seinem Entwurf gewebt worden war.
Dem Besuch der Oberrealschule und einer Schriftsetzerlehre in Reutlingen schloß sich 1926 bis 1928 das Studium der Kalligraphie bei Ernst Schneidler in Stuttgart an. Weitere Studien 1928 bis 1930 in London, wo auch die erste Ausstellung stattfand, und in Paris. In den folgenden beiden Jahren hielt er sich vorwiegend in Ägypten und Griechenland auf, Reisen, die später ihren Niederschlag in den beiden Bänden *Ägyptische Reise* und *Neugriechisches Tagebuch* (Reutlinger Drucke, 1936) fanden. Der erste Holzschnitt trägt das Datum 1932, und in diesem Jahre hatte er in Alexandria auch eine Ausstellung. In Athen trat er als Gründer und Herausgeber der kulturpolitischen Zeitschrift *Deutsche Zeitung* hervor und mußte 1933 auf Betreiben des Deutschen Botschafters nach Deutschland zurückkehren. »Ich wußte, daß ich ins Dunkel fuhr«, sagte er dazu. Berufsverbot durch die Reichskulturkammer. Bis 1940 Hilfsarbeit und Zeitungsausträger in Reutlingen; in dieser Zeit entstehen die *Reutlinger Drucke*. 1940 bis 1945 Soldat, in den letzten drei Jahren im Elsaß stationiert; illegale Drucke der »presse clandestine Haguenau«. 1945 bis 1946 Kriegsgefangenschaft und Arbeit vor Ort im belgischen Bergwerk Mons. 1951 bis 1952 Lehrer an der Bernsteinschule über Sulz am Neckar – *Bernsteindrucke*. 1955 als Nachfolger Erich Heckels an die Staatliche Akademie der Bildenden Künste Karlsruhe berufen, tritt er 1960 vom Amt zurück. 1960 bis 1962 Mitherausgeber der Zeitschrift *Labyrinth*. Von 1964 bis zu seinem Tode Herausgeber der Publikation *Der Engel der Geschichte*, mit der Grieshaber auf ihn bedrängende Fragen der Zeit zu antworten sucht.
Seit 1966 – in diesem Jahr erschien der *Totentanz von Basel* im VEB Verlag der Kunst, Dresden – vielfältige Aktivitäten auch in der DDR, zu denen Publikationen im Verlag Philipp Reclam jun. Leipzig ebenso gehören wie die Mitwirkung im Komitee der Biennalen der Ostseestaaten in Rostock in den Jahren zwischen 1972 und 1979. Pablo Nerudas *Aufenthalt auf Erden* mit 18 Farbholzschnitten Grieshabers (Reclam 1973) wurde 1975 mit der Goldmedaille der Internationalen Buchkunst-Ausstellung in Moskau ausgezeichnet. Grieshaber, seit 1956 Mitglied der Akademie der Künste, Berlin, wurde 1978 zum korrespondierenden Mitglied der Akademie der Künste der DDR gewählt und erhielt im gleichen Jahr den Gutenberg-Preis der Stadt Leipzig.
Einen wichtigen Platz im Werk nehmen die baubezogenen Arbeiten ein: zu ihnen gehören die 3 m hohe und 13 m breite zwölfteilige Holzreliefwand *Der Rhein* von 1964 im Raucher-Foyer des Stadttheaters Bonn; der *Sturmbock*, die in einen Abacchi-Stamm geschnittene Geschichte der Stadt, etwa 90 cm hoch und 12 m breit, über dem Eingang des Ratssaales in Reutlingen; *Männerwald* von 1967, acht 2 m hohe und 60 cm breite Holzreliefs für die Weltausstellung Montreal 1967, 1972 mit zusätzlich geschnittener Figur *Justitia* zum Ensemble *Areopag* vereinigt, im Gerichtshof der Europäischen Gemeinschaft in Luxemburg; *Kreuzweg der Versöhnung*, 1969, die 14 Stationen auf 70 × 80 cm großen Tafeln, mit Blattgold vergoldet und weiß überwalzt, in der wiederaufgebauten Hofkirche in Bruchsal. Zu nennen sind auch *Weltgericht*, 1970, Triptychon 275 × 460 cm, im Supraportenfeld des Sitzungssaales für den Verteidigungsausschuß des Bundestags, Bonn; die *Josefslegende*, 1970, 7 × 9 m große Altarwand aus 36 Tafeln, übermalten Drucken von Linolschnitten, in der Evangelischen Pfarrkirche in Stuttgart-Unter-

türkheim, sowie die *Sintflut* von 1972, eine zwölfteilige Holzstockwand, 3 × 12 m, in Zoologischen Institut der Universität Heidelberg.

Grieshaber war Träger der Preise der Landschaft Oberschwaben und der Städte Recklinghausen, Darmstadt und Düsseldorf. 1968 erhielt er den Kulturpreis des Deutschen Gewerkschaftsbundes, 1971 den von der Stadt Nürnberg im Dürerjahr gestifteten und zum ersten Male verliehenen Dürer-Preis; 1980 wurde er mit dem – erstmals vergebenen – Konstanzer Kunstpreis ausgezeichnet.

1977 verlieh Grieshaber den von ihm gestifteten und von Rolf Szymanski verdoppelten Jerg-Ratgeb-Preis an Rudolf Hoflehner im Nationaltheater Mannheim. Es ziemt sich, diesen Kunstpreis im Sinne seines Begründers, dem es sein Leben lang darum ging, Fäden aufzunehmen, um Neues zu bewirken, fortzuführen. Seine Intentionen finden wir in einem Brief deutlich formuliert:

Es wird sich zeigen, ob nicht auch die Maler einen Preis im Range eines Büchner-Preises wert sind – eines Großen, der Revolutionär und Künstler gleichermaßen war. Büchner für den »Hessischen Landboten«: Friede den Hütten, Krieg den Palästen. Ratgeb als Bauernkanzler sah die christliche Gemeinschaft Gleicher ohne sich über das Volk erhebende Obrigkeit. Büchner, der 300 Jahre später starb, gilt heute als Wegbereiter für Realismus und Expressionismus. Ratgeb tat dasselbe in der bildenden Kunst. Wer entdeckt es endlich?

Die Vorbereitungen für den »Jerg-Ratgeb-Preis zu Ehren HAP Grieshabers« sind im Gange, die Freunde, darunter Antes, Erhardt, Reichert, Schanz, Stöhrer, Szymanski haben einen *Engel der Geschichte* gedruckt, dessen Auflage von 100 Exemplaren als ihr Beitrag gedacht ist, und der Plan findet auch das Interesse der Stadt Reutlingen, die sich in besonderer Weise dem Andenken und der Pflege des Werks verpflichtet fühlt.

Impressionen vom Besuch

Es war nicht so einfach, an den Meister heranzukommen. Ein Darmstädter Maler half uns. Ein Termin war schnell gefunden. Gutvorbereitet fuhren wir los, das Josephsbuch von Grieshaber im Auto. Wir wollten unsere in Aussicht genommenen Fragen vor einem Original prüfen. Die Untertürkheimer, die wir nach dem Weg fragten, wußten weder etwas von der Kirche, die wir suchten, noch von den Bildern Grieshabers. Ein alter Mann kannte sich aus. Stadtkirche St. Germanus, Turmhelm über Häusern rundherum. Schmuckloser Kirchensaal, unmittelbar hinter dem Altar ein Riesenparavent: Figuren mosaikartig verteilt, verhaltene Farben, mattglänzend. Beim Näherkommen treten einzelne Tafelbilder hervor, die äußere Konstruktion wird erkennbar: 36 Tafeln, Schwarzdrucke, auf grau eingewalztem Papier, mit Farbkreiden bemalt, 120 × 150 cm jede, 6 Reihen übereinander, mit je 6 Tafeln, ein riesiges Bilderbuch, eindrucksvolle Lektüre für den Besucher, Anschauung für die Worte des Predigers, und auch Augenschmaus.

Achalm. Ein Sträßchen bergauf, durch Weiden, am Berg entlang, verwinkelt, Schrebergärten, Wochenendhäuser. Ende des Weges. Im Rückspiegel sehe ich ihn: HAP Grieshaber, weißes Hemd über weißer Hose, der weiße Haarkranz, der Schnurrbart. Herzliche Begrüßung, aber prüfend: wer schneit mir da ins Haus?

Wildwuchernder Garten, niedrige Holzhäuschen, ein ehemaliger Stall, alle Tiere sind weg inzwischen. Aber der Pfau ist da, sogar im Zimmer. Unter einem vorspringenden Dach: Holzstöcke, wie Kaminholz gestapelt. Und dort, in diesem Verschlag, ein geheiztes Schwimmbad. Es dampft. Etwas stimmt wohl nicht mit dem Thermostaten. In anderen Hüttchen die Presse, der Trockenraum.

Durch ein niedriges Pfauentürchen ins einstöckige Wohnhaus: Bücher, kaum Bilder, daneben der Arbeitsraum, der große Tisch, Graphikschränke, ein eben fertiggewordenes Plakat für Franz Fühmann, den er in den nächsten Tagen erwartet.

Uns fällt auf: sein herzliches, lautes Lachen, lebhafte Gestik, Mimik, seine vom Holzschneiden gezeichneten Hände, besonders die Zeigefinger.

Vom terrassenartigen Hof weiter, schöner Ausblick.

Abschied. Dank für Gesagtes, Gezeigtes, Geschenktes, Signiertes.

Im Auto dann ein erstes Fazit: erstaunlich, bewundernswert, ermutigend, was ein Mensch alles schaffen, in Bewegung setzen, bewirken kann – wenn es in ihm ist, wenn er fleißig, sehr fleißig ist, wenn er aus dem Holz ist wie HAP Grieshaber.

Das Interview fand am 6.9.1979 auf der Achalm statt.
Die Gesprächsteilnehmer waren:
Heidrun Nachtigall, Rolf Stahl; H.-J. M.

Welches Ihrer Erlebnisse würden Sie als Sternstunde bezeichnen?

Das war ganz vor kurzem. Die Universitätsbibliothek in Heidelberg hat meine Bücher ausgestellt, die ich in den Jahren zwischen 1933 und 1939 gemacht habe, mit Holzschnitten, Linienholzschnitten, die sich oft auf das 15. Jahrhundert beziehen, sich da anlehnen oder von dorther Anregungen empfingen. Das wurde mit den kostbaren Inkunabeln, die wir aus jener Zeit haben, zusammengestellt, und für mich war in diesem Augenblick Zeit aufgehoben. Da lag die Schedelsche Chronik und nahe darüber ein Holzschnitt von mir über Nürnberg, zerstörtes Nürnberg, oder ein Linienholzschnitt aus der Zeit des 15. Jahrhunderts, und alles so direkt nebeneinander, daß das, was ich damals fühlte und dachte, so präsent, so gegenwärtig war, als wäre keine Zeit vergangen.

Wie haben Sie die Nazizeit erlebt, überlebt?

Ich wollte überleben. Ich habe, bis ich dann als Soldat in eine Art Strafkompanie kam, immer gearbeitet.
Ich wurde aus Athen ausgewiesen. Dort hatte ich eine kulturpolitische Zeitschrift herausgegeben, mit Franz Blei und Leuten, die dem Dritten Reich nicht bequem waren. Göring sollte zu Besuch nach Athen kommen, und der Botschafter wollte verhindern, daß diese Zeitschrift weiter erscheint, und er hat mir massiv gedroht. Ich mußte Griechenland verlassen und zu meinen Eltern zurückkehren. Ich habe ihm gesagt: »Wenn Sie ein Schwein sind, verständigen Sie die Gestapo.« Das hat er nicht getan und es sich nachher, nach 1945, auch bescheinigen lassen. So kam ich hierher. Ich wußte, daß ich ins Dunkel fuhr. Hier oben auf der Achalm, wo ich gebaut hatte, durfte ich nicht wohnen, weil das außerhalb der städtischen Bewachung lag. So habe ich in Hotels gewohnt.

Dann waren Sie auch einmal in der Schweiz. Warum sind Sie wieder zurückgekommen?

Das war 1938. Die Schweizer waren sehr frankophil, so daß sie für meine Sachen, die in Zürich (nicht legal) ausgestellt waren, gar kein Auge hatten. Das war ihnen zu expressiv, zu deutsch. Das ganze Klima gefiel mir nicht. Ich sah keine Wirkungsmöglichkeit. Und ich war ja hauptsächlich Holzschneider, dafür fand ich kein Echo.

Als Sie dann zum Militär geholt wurden, war das eine gewisse Möglichkeit, sich aus den politischen Schwierigkeiten herauszubringen?

Ich konnte mich nicht frei bewegen. Ich mußte in einem bestimmten Betrieb arbeiten. Ich gehörte nicht zu den Kriegsmalern. Einige wurden geschützt, ich gehörte nicht dazu.
Ich war als Künstler von zwei Seiten her angegriffen, sowohl von der Reichskultur- als auch von der Reichsschrifttumskammer. Ich durfte von einem Blatt nicht mehr als 20 Exemplare drucken, bekam auch kein Papier. Ich hatte also zwei Beaufsichtiger, und viele Denunzianten natürlich.

Was waren die »Reutlinger Drucke« ursprünglich?

Die jetzigen Faltblätter beziehen sich nur auf den Namen. Die Reutlinger Drucke waren die Drucke, die ich auf Filtrierpapier in dieser Zeit machte und selbst druckte. Die Auflagen nicht höher als 20, im Gegensatz zu den Drucken, die ich in der Militärzeit mit Hilfe der französischen Widerstandsbewegung machte, wo ich bis 1000 gehen konnte, allerdings keine Holzschnitte, sondern Aphorismen, Gegenthesen. Ich bin gelernter Setzer, konnte das also machen.

Welche Bildinhalte hatten die Reutlinger Drucke?

Ich hielt mich an dem fest, was man so als deutsch, auch heute wieder, begreift, also was unser Erbe ist. Ich sah in den Nazis Okkupanten, die nichts mit unserer Tradition zu tun hatten. Ich empfand, daß es meine Sache sei, dieses Erbe weiterzutreiben.
Das Mittelalter hat mich sehr interessiert. Biblische Stoffe: Hiob. Die Marienkirche in Reutlingen. Schwäbische Alb – Landschaft, bukolisch.
Die Nazis hatten für mich auch mit der Landschaft nichts zu tun, sie waren für mich Fremde. Was sie mit den Massen anstellten, war durchsichtig. Das konnte ich nur insoweit durchbrechen, als meine Mittel reichten, meine Hand, meine Auflage.

Wie sind Sie zum Holzschnitt gekommen, diesem ältesten Massenmedium der Kunst?

1933, als ich nach Deutschland kam, wollte ich nach der ersten Beschlagnahmung etwas machen, von dem man mehr Originale hat, als sie einem wegnehmen konnten.
Und dann: Der Holzschnitt ist ein Mittel des Bekenntnisses, schon seit den Flugschriften, aber auch von Barlach und den Expressionisten her. Und ich konnte auch im Wartesaal schneiden, mit einem Taschenmesser. Das Handwerk kannte ich, ich konnte mich behelfen.

Und Radierungen?

Der Tiefdruck setzt bestimmte Pressen voraus. Dazu hätte man eine Werkstatt haben müssen. Diese hatte ich nicht. Ich hatte in einer Klischeeanstalt eine Presse stehen. Der Inhaber dieser Anstalt war ein Feind des Regimes, ein alter Xylograph. Diese Xylographen sind eigenartige Leute gewesen, Holzschneider, die in Buchs geschnitten haben, ganz genau geschnitten. Er war eigensinnig wie ein Handwerker, den Nazis gegenüber ein störrischer Esel.

Als die äußeren Zwänge dann weggefallen waren, da war der Holzschnitt die Ihnen gemäße Technik?

Ja, das war dann so geworden. Die Linien haben sich gefüllt, ich habe dann den Holzschnitt zum Bild erhoben, also Bilder geschnitten, große farbige Holzschnitte.
Das hängt natürlich mit dem Gedanken der Befreiung zusammen, ich mußte mich durchsetzen. Das konnte ich auch, weil ja die Expressionisten zumeist nicht Emigranten waren. Hofer war hier, Heckel. Die haben sich sofort an mich gewandt, haben sich auch schützend vor mich gestellt und haben meine Holzschnitte als Bilder gehängt, was natürlich bei jeder Künstlerbund-Ausstellung ein gewisser Kampf war. Denn die Kollegen sagten, das sei Graphik; und Bilder seien etwas anderes.
Von außen kam ein gewisses Echo. Mäzene hatte ich nicht. Museen, die Bilder von mir gekauft hätten, gab es nicht. Was sie aus dieser Zeit haben, haben sie später gekauft.

Was geht den Holzschnitten an Vorarbeiten voraus?

Dem Holzschnitt geht sicher eine Konzeption voraus. Aber sie ist vage. Das ist so: Ich stehe auf, gehe ans Fenster, schaue hinaus, da bin ich in Gedanken schon im Holz.
Der Holzschnitt gliedert sich in viele Teile, in die Konstruktion, die Farben. Die Ausführung ist in sehr viele kleine Einzelteile zerlegt und ist eine sehr gute Kontrolle darüber, ob das nun wirklich die große Liebe war.
Manchmal zeichne ich aufs Holz, auch auf den Boden, an die Wand nie. Skizzen auf Papier weniger, und wenn ich etwas aufs Papier skizziert hatte, dann habe ich es nicht so ins Holz geschnitten. Erstens denke ich spiegelverkehrt, und dann ist es auch eine Praxis, eine Werkstattsache: ich bin im Holz.

Wie ist das bei Zyklen, zum Beispiel bei dem Josephszyklus für die Altarwand in Untertürkheim?

Da war die Konzeption sehr groß: 36 Bilder. Ich bin kein Illustrator. Der Konflikt zwischen Juden und Arabern ging mir besonders nahe zu dieser Zeit. Es ist also auch ein Stifterbild. Kirchensachen sind Stifterbilder, wie auch früher. Bei der Josephslegende, die ihr euch angesehen habt, war dieses Hin- und Herziehen der Israelis etwas, das für 36 Bilder gereicht hat. Ich kenne die Bibel. Die Berührungspunkte zum Neuen Testament haben mich auch interessiert. Ihr werdet gesehen haben, wie viele Überschneidungen es da gibt. Es ist für uns sehr schwer, auf die Ereignisse im Nahen Osten eine Antwort zu finden. Wenn man das auf so einer Ikonenwand in einer Kirche machen kann, ist das natürlich eine schöne Gelegenheit.

War das ein Glücksfall? Ist jemand an Sie herangetreten?

Ja, der Stadtkirchengemeinderat – das sind Weinbauern – ist zu mir hier heraufgekommen und hat gesagt, sie wollten etwas von mir. Und der Pfarrer dieser Kirche hatte zur Josephsgeschichte ein besonderes Verhältnis. So schießen viele Dinge zusammen, bis ein fertiges Bild da ist. Das kann man nicht von außen nehmen. Es war in mir, es war in mir fertig, eine sehr wichtige Äußerung so darzubringen.

Hatten Sie bei solchen öffentlichen Arbeiten immer die Möglichkeit, ganz das zu machen, was Sie wollten, oder gab es da Hereingerede?

Die Pfarrer haben mir immer leid getan, die etwas Modernes gekriegt haben! Ich habe mich nur auf etwas eingelassen, bei dem von vornherein klar war, daß ich erwünscht, daß ich gemeint bin und daß es mir überlassen ist. Ich halte es für einen Verrat, wenn ein Künstler etwas gegen seine Auffassung macht, nur um einmal zu einer größeren Summe zu kommen, die ihm dann etwas mehr Freiheit ermöglicht. Für einen Menschen meiner Biographie ist das nicht möglich. Wenn man im Dritten Reich wie ein Mönch leben mußte, dann ist man natürlich besonders streng mit sich und mit anderen und macht so etwas nicht. Dann hungere ich lieber. Ich kann ja jederzeit mein Geld durch eine handwerkliche Tätigkeit verdienen, die nicht künstlerischer Art ist. Ich kann mir nicht vorstellen, daß man gleichzeitig Kaffeehausgeiger ist und im Konzert die erste Geige spielt.

Was war Ihr Hauptanliegen als Lehrer, an der Bernsteinschule und dann an der Staatlichen Akademie der bildenden Künste in Karlsruhe?

Die Bernsteinschule war eine freie Kunstschule, die nach dem Kriege von einem Kreis von Malern gegründet wurde, von ehemaligen Soldaten, die dort in der Gegend geblieben sind. Sie sollten von der Straße weg und lebten in einem alten Kloster in Zellen. Die Regierung suchte jemanden, der das richtig in die Hand nimmt. Das habe ich getan. Ich habe zuerst einmal gesehen, daß die Zellen für diese Menschen nichts sind, daß sie da herausmüssen. Ich habe Vorschläge ausgearbeitet, Werkstätten geplant. Mein Anliegen war, diejenigen, die dort geblieben waren, ins Leben zu bringen. Die Klostermauern waren falsch. Ich wollte mit neuen Menschen etwas machen. Das hat sich leider nicht realisieren lassen. Alle haben ins Leben zurückgefunden, aber etwas Neues ist nicht entstanden. Gut und richtig, aber insgesamt nicht das Erhoffte.

Als dann die Aufforderung von Heckel kam, sein Nachfolger in Karlsruhe zu werden, dachte ich mir, nachdem ich jetzt so ganz auf freier Wildbahn gewesen war, würde es nun ganz anders werden. Damals erklärte ich, ich wollte in Heckels Fußstapfen treten. Heute würde ich das nicht mehr sagen. Ich will in keines Menschen Fußstapfen mehr treten. Damals war das alles ein wenig euphorisch. Karlsruhe war eine staatliche Anstalt, und da bin ich dann auch richtig mit dem Staat zusammengerasselt. Das kennt ihr ja. Mein Hauptanliegen? Wer so lange Zeit nicht gehört worden ist, bei dem ist in den vielen Jahren, während er mundtot war, das Bedürfnis gewachsen, vieles zu sagen, der glaubt, das viele Aufgestaute weitergeben zu müssen. So wollte ich das auch in Karlsruhe machen. Ich war ja froh, gehört zu werden. Sicher haben die dort auch gespürt, daß da einer war, mit dem man gerne ein paar Schritte ging, daß da einer war, der besessen war, etwas zu bewirken, nachdem er so lange nicht wirken konnte, der offen war, der sie anhörte, der jeden einzelnen anhörte, der für jeden einzelnen eine eigene Theorie machte, der alles anders machte als die anderen. Das hat wohl auch eingeschlagen, wie ein Komet einschlägt. Noch heute, nach 14 Jahren, sieht man die Krater.

War es aus heutiger Sicht nicht schade, daß das so abrupt endete? War das voraussehbar?

Ich hatte Kunsterzieher zu erziehen, und die Vorschriften stammten aus dem Dritten Reich. Und die wurden vom Kultusministerium vertreten! Da gab es zum Beispiel einen Paragraphen, der besagte, daß das Dargestellte erkennbar sein müßte. Ich weiß nicht, was das ist: »erkennbar«. Diese Verfügungen waren nicht nur ein alter Hut, sie waren falsch. Es gab den Eklat. Aber die Folgen waren fruchtbar für die Akademie. Den Eklat habe nicht ich gemacht. Ich hatte nur ein Interesse daran, daß diese Bestimmungen aus dem Dritten Reich geändert werden.

Sie haben Zeichen gesetzt in der Kunst der Gegenwart. Wer sind Ihre Schüler, unmittelbar, mittelbar?

Schüler kann sich natürlich jeder nennen. Eure Unterscheidung von mittelbar und unmittelbar ist da ganz richtig. Ich kann mich auch als Schüler von Klee bezeichnen, einfach, weil ich von ihm dies und das gelernt habe. Unmittelbare Schüler waren Antes, Quinte, Erhardt, Josua Reichert. Eine lange Liste. Stöhrer. Um nur ein paar zu nennen, die gerade sehr im Gespräch sind, ohne daß ich ihnen einen besonderen Vorzug geben möchte. Ich habe sie alle geliebt.

Bei den von Ihnen Genannten – Josua Reichert ausgenommen – fällt auf, daß sie so ganz anderes machen als Sie.

Ja, sicher. Aber die moralische Qualität, die Aufrichtigkeit – dafür möchte ich verantwortlich sein. Ich habe mich nicht aufgezwungen, ließ den Künstler selbst kommen.

Die rapiden technischen Veränderungen im Druckereigewerbe berühren Sie und viele andere Künstler sehr stark. Worum geht es da im einzelnen? Sperren Sie sich nicht gegen technischen Fortschritt, der Erleichterung bringt?

Nein, ich sperre mich nicht gegen technischen Fortschritt. Das kann man gar nicht. Wir stehen in einer technischen Umwälzung durch die Mikroprozessoren.

Unser ganzes industrielles Leben verändert sich. Ich bin der Ansicht, daß die Löcher, in die wir gefallen sind, von uns selbst gegraben wurden, von Elektronikern, Programmierern. Die müssen uns wieder herausführen, nicht die Dilettanten. Ich bin nicht gegen den Fortschritt, im Gegenteil, ich finde, es wird zu wenig gedacht. Der Druck von einem Original in einem Buch war ein ganz wichtiges menschliches Kommunikationsmittel, etwas Wunderbares. Jeder hatte ein Original, der dieses Buch kaufte. Das ist vorbei. Das kann ich nicht wiederbringen.

Würde es nicht reichen, wenn sich einige Künstler zusammentäten, die alten Pressen kauften und weiter betrieben?

Das ist versäumt worden, die sind aufgeschweißt. Wir hätten genug alte Bahnhöfe gehabt, wohin man die Maschinen hätte stellen können, wir hätten Initiativen machen können. Hätten! Man hatte gar kein Interesse dafür. Das Interesse am materiellen Wachstum war einfach zu groß. Einen großen Holzschnitt muß ich eben mit dem Löffel abziehen. Das habe ich ja vorher auch gemacht. Oder ich lasse die Holzplatten einfach, ziehe gar nichts mehr ab. Ich habe jetzt auch Aquarelle gemalt.
Natürlich kann ich kleinere Auflagen drucken lassen. Aber ich sehe keine Begeisterung dafür. Vor 1933 gab es an die 40 hervorragende Pressen in Deutschland. Da gehört die Rabenpresse dazu, die des Grafen Keßler, die Cranach-Presse. Von einer solchen Begeisterung ist nichts zu sehen.

Eines Ihrer großen Anliegen ist es, in beiden Teilen Deutschlands präsent, ein Brückenbauer zu sein.
Nun ist das ja nichts Einfaches. Sehen wir einmal von vordergründigen Polemiken ab, so bleibt die Schwierigkeit, dort öffentlich aufzutreten, von wo viele Ihrer Freunde verjagt worden sind: Ernst Bloch, Sarah Kirsch, Heinar Kipphardt, Hans Mayer, Heinz-Winfried Sabais. Wie bringen Sie das unter einen Hut?

Das braucht gar nicht unter einen Hut zu gehen. Ich gehe hinüber als ein Handwerker. Es sind dieselben Menschen wie hier, sie haben dieselben Interessen, und wenn wir zusammen ein Buch machen können, so haben wir es gemacht. Es ist dabei kein Buch entstanden, das nicht nach meiner Meinung gewesen wäre, zu dem ich nicht hätte ja sagen können. Ich habe da drüben niemanden zur Rechenschaft zu ziehen. Sie fragen mich, interviewen mich. Was ich antworte, das liest man hier natürlich mit. Ich bin kein Ideologe. Natürlich habe ich eine gewisse Zuneigung, weil sie dort tatsächlich die Straßen nach den alten Antifaschisten benennen. Ich bin für sie ein würdiger Vertreter des deutschen Erbes. Ich tue das ja allein, ich bin keine Organisation, keine Institution. Ich mache meine Dinge selbst, so daß man sie gar nicht mißbrauchen kann. Sie sind eindeutig und klar umschnitten. Ich glaube an die Kunst, hier und dort und überall. Ich glaube nicht, daß die Kunst noch ein besonderes Engagement braucht, sondern daß sie das in sich selbst ist. Mehr kann ich nicht tun, als meine Sache gut zu machen. Bei Schriftstellern mag es anders sein. Die können mit ihren Themen anecken. Ich schreibe keine zeitgenössischen Romane und Kritiken, und ich bin nicht auf der Welt, um irgendwen zu bestrafen. Ich bin auch kein rächender Engel. Ich habe mich für die Araber ausgesprochen, aber auch für Israel. Es ist mir weder aus dem einen noch aus dem anderen ein Vorwurf gemacht worden. Auch könnte ich mich ja verteidigen, als einzelner.

Ihre Auffassung, daß engagierte Kunst ein Pleonasmus sei, leuchtet ein, wird aber weithin nicht anerkannt. Die einen wollen's plakativ-vordergründig, manche andere bewußt welt- und tagesfern. Bitte erläutern Sie uns Ihren Standpunkt.

Schon zu Goethes Zeiten sprach man von einem forcierten Talent. Das gibt es natürlich, besonders in unserem Land. Ein französischer Maler ist stolz auf seinen Picasso. Bei uns hingegen kommt da immer noch etwas herein, etwas Gedank-

liches, Ideologisches. Das hängt wohl auch damit zusammen, daß Hegel die bildende Kunst nicht in die vorderste Reihe gestellt hat. Das war schon bei Plato so. Die deutsche Philosophie war der bildenden Kunst feindlich gesinnt.
Das Vordergründig-Gedankliche ist eine außerkünstlerische Sache, nicht ohne Wirkung, aber nicht von künstlerischer Wirkung. Kunst ist immer engagiert. Natürlich kann man dann einen Holzschnitt außerdem für eine besondere Sache einsetzen, für amnesty zum Beispiel. Es kommt auf die Substanzbreite dessen an, der das macht. Ich habe auch immer gefunden, daß die Kunst, die ich verehre, besonders die alten Meister, sehr vieldeutig ist.

Sie sind nie faule Kompromisse eingegangen, haben sich dem Markt nicht angepaßt. Was ist der Preis für eine solche Haltung, die wir bewundern?

Mein Preis war Hunger. Der Preis war auch, daß man sich auf nichts eingelassen hat, daß man ein hartes Leben gewöhnt war, daß ihr hier in Hütten sitzt und nicht in einem Bungalow. Aber das hindert ja nicht, daß man sich trotzdem hier wohl fühlen kann, nicht wahr?
Vielleicht muß man auch sehr klug sein, um sich nicht in den allgemeinen Trend der Zeit hineinziehen zu lassen. Was man angeblich alles braucht! Man braucht viel weniger. Schon wenn ich einkaufe, bin ich kein Holzschneider mehr. Mir würde die vergeudete Zeit leid tun. Also wird das alles reduziert, nicht als eine Geste der Armut, so etwas brauche ich nicht.
Aber das ist bei jedem Maler anders, andere haben auch recht. Ich streite mich nicht. Ich schätze sehr viele künstlerische Sachen. Ich sammle sie nicht. Das muß ich ja nicht, ich kann sie in mir sammeln, ich bin Eidetiker. Ich kann das Bild, das ich gesehen habe, jederzeit wieder vor mein geistiges Auge stellen. Das ist eine besondere Begabung. Ich liebe auch Dinge, die das Gegenteil sind von dem, was ich mache. Als Lehrer war ich ja auch der Meinung, den anderen sich selbst kommen zu lassen. Alles Wissen geht auf Kosten der Naivität. Und man braucht eine gewisse Naivität, um in ein Holz etwas hineinzuschnitzen. Früher hat man sogar gesagt, Maler müßten dumm sein.
Die Léger, Picasso, Chagall waren einfach von einer so unerhörten Naivität und Direktheit, daß sie gar nichts anderes erkennen konnten als das, was sie selber machten.

Welche Ratschläge, welche Botschaft möchte ein so betroffener siebzigjähriger Zeitgenosse wie Sie uns Siebzehnjährigen und allen gutwilligen Menschen mit auf den Weg geben?

Tut alles aus Freude und aus Liebe, und original. Was ihr nicht lieben könnt, was euch nicht in der Freude erhält und worin ihr auch nur den geringsten Zwang seht, laßt es!

Verzeichnis der Abbildungen

Die Nummern verweisen auf die Seiten der Abbildungen.
Referenzen beziehen sich auf folgende Publikationen:

Fürst
Margot Fürst. *Grieshaber. Die Druckgraphik. Band 2. 1966–1981.* Gerd Hatje, Stuttgart 1984.

mf
Margot Fürst. *Grieshaber – Der Drucker und Holzschneider.* Gerd Hatje, Stuttgart 1965.

Z
Karl-Heinz Kukla/Horst Zimmermann. *HAP Grieshaber – Holzschnitte.* Berlin–Rostock–Dresden 1978/79.

9 Pan. 1939. Farbholzschnitt. 41 × 35 cm. Z 123
13 Zeta. 1968. Farbserigraphie. 118 × 113 cm. In: *Prometheus/Unica als Multiplicata.* Fürst 68/6
16 Milchschaf. 1958. Aquarell. 130 × 91 cm
22 Selbstbildnis im Spiegel. 1970. Gouache. 50 × 50 cm
23 Selbstbildnis im Spiegel. 1970. Gouache. 50 × 50 cm
26 Selbstbildnis im Spiegel. 1970. Gouache. 50 × 50 cm
27 Selbstbildnis im Spiegel. 1970. Gouache. 50 × 50 cm
30 Chinaware. 1958. Aquarell. 23,5 × 20,5 cm. In: Maquette zu *hap grieshaber, Holzschnitte*
31 Herbst. 1958. Aquarell. 23,5 × 20,5 cm. In: Maquette zu *hap grieshaber, Holzschnitte*
33 Affenschrift-Blatt. 1962. Tusche. 44,8 × 33 cm. In: Maquette zu *Affen und Alphabete*
34 Affenvater. 1962. Holzschnitt, übermalt. 45 × 66 cm. In: Maquette zu *Affen und Alphabete*
35 Nicht sehen. 1962. Holzschnitt, übermalt. 45 × 66 cm. In: Maquette zu *Affen und Alphabete*
38 Engel im Sturm. 1962. Gouache. 22,8 × 16,5 cm. In: Maquette zu *Sieben Engel*
39 Engel im Sturm. 1962. Probedruck. 23,3 × 16,7 cm. In: Maquette zu *Sieben Engel.* Z 456
41 Farbstiftzeichnung und Aquarell. 1963. Je 16,2 × 28 cm. In: Skizzenbüchlein zu *Osterritt*
42 Zeichnung. 1963. 32 × 26,8 cm. In: Maquette zu *Osterritt*
43 Gouache. 1963. 31,9 × 26,8 cm. In: Maquette zu *Osterritt*
44 Vietnamesisches Hängebauchschwein – Sturzflug. 1964. Gouache. 45 × 62 cm. In: Maquette zu *Spektrum Nr. 25*
45 Lob des Holzschneiders. 1964. Gouache. 49,5 × 70 cm. In: Maquette zu *Xylon 8*
47 Aus der Maquette zu *Der Große Garten Herrenhausen* (Francischina und Scarramuzzia). 1965. Holzschnitt, übermalt. 33,5 × 24,2 cm
48 Die Füße des Donners. Die Schildkröte. 1965. Farbholzschnitte. Je 39 × 28,4 cm. In: Pablo Neruda, *Die Höhen von Macchu Picchu.* Z 704, 703
50 Floret silva. 1965. Gouache. 57,5 × 38,3 cm. In: Maquette zu Carl Orffs *Carmina Burana*
51 Uf dem Anger II. 1965. Gouache. 57,5 × 37,5 cm. In: Maquette zu Carl Orffs *Carmina Burana*
54 Der Papst. 1965. Gouache. 59,5 × 41,8 cm. In: *Die Gouachen zum Totentanz*
55 Die Herzogin. 1965. Gouache. 59,4 × 48,8 cm. In: *Die Gouachen zum Totentanz*
58 Der Krämer. 1965. Gouache. 59,2 × 41,5 cm. In: *Die Gouachen zum Totentanz*
59 Die Jungfrau. 1965. Gouache. 59,4 × 42 cm. In: *Die Gouachen zum Totentanz*
60 Dank und Vergötzung. 1969. Gouache. 39,7 × 60 cm. In: Maquette zu *Engel der Geschichte 13* (Akademieengel)
63 Coiffeur. 1952. Schwarzplatte. 150 × 54,5 cm. Z 220
65 Der Blinde. 1966. Die Holzstöcke. 45 × 35 cm. In: *Totentanz von Basel.* Z 758
68 Schlangen und Fische. 1970. Holzstock. 202 × 101,5 cm. In: *Zeitgenossen.* Fürst 70/7
69 Vogelsäule. 1970. Holzstock. 224 × 76 cm. In: *Zeitgenossen.* Fürst 70/6
73 Tänzerin. 1932. Farbholzschnitt. 15,5 × 16,5 cm. Z 1
74 Traum. 1933. Farbholzschnitt. 34 × 50 cm. Z 8
75 Dorf. 1936. Aquarell. 19,8 × 30,2 cm
76 Bauarbeiter. 1933. Holzschnitt, aquarelliert. 27 × 25 cm. Z 9

77 Engel über Stadt. 1934. Holzschnitt. 22 × 18 cm. Z 21

78 Der Bau. 1933. Holzschnitt, aquarelliert. 45 × 30 cm. In: *Die Marienkirche in Reutlingen II*. 1935. Z 12

79 Die Stadt. 1934. Holzschnitt. 24 × 15,5 cm. In: *Die Marienkirche in Reutlingen I*. 1935. Z 24

80 Schutzhütten. 1936. Holzschnitt. 24 × 34 cm. In: *The Swabian Alb*. 1937. Z 67

81 Herbstnebel. 1936. Holzschnitt. 24 × 31 cm. In: *The Swabian Alb*. 1937. Z 80

82 Alb. 1936. Holzschnitt. 25 × 33,5 cm. In: *The Swabian Alb*. 1937. Z 78

83 Am Häklerweiher bei Mochenwangen. 1938. Holzstich. 23,2 × 24 cm

84 Federzeichnung. 1932. 23,5 × 17 cm. In: *Von den Häusern in denen Allah gelobt wird*. 1933. mf 1p

85 Fellachen. 1936. Zeichnung. 13 × 16 cm. In: *Ägyptische Reise*. mf 9j

86 Kreuz. 1937. Farbholzschnitt. 40 × 45 cm. Z 106

87 Vorleser I. 1937. Holzschnitt. 30 × 43 cm. Z 107

88 Hiob I, II, III. 1934. Zusammendruck der Holzschnitte. 28 × 23 cm. Z 15, 16, 17

89 Herzauge IV. 1937. Holzschnitt und Mischtechnik. 27,5 × 22,5 cm. Z 101

90 Weg (Frühlingsanfang). 1939. Farbholzschnitt. 38 × 42,5 cm. Z 124

91 Liebespaar. 1938. Farbholzschnitt. 35 × 42 cm. Z 120

93 Halbakt. Um 1938. Gouache. 24,6 × 18,5 cm

95 Kruzifix. Um 1941. Holzschnitt. 78 × 35 cm. Z 128

96 Hunger. 1945. Holzschnitt. 13 × 18 cm. Z 130

97 Holzhauer. 1946. Holzschnitt. 54 × 32 cm. Z 139

98 Katzen im Schnee. 1947. Farbholzschnitt. 32 × 42 cm. Z 161

99 Rotkäppchen. 1948. Farblithographie. 48 × 55 cm. mf 45

100 Abschied. 1949. Farbholzschnitt. 62 × 45 cm. Z 187

101 Paar. 1949. Farbholzschnitt. 55 × 37 cm. Z 180

102 Bedrohtes Paar. 1949. Holzschnitt. 23 × 23 cm. Z 189

103 Pan im Frühling. 1948. Holzschnitt. 22,5 × 22 cm. Z 174

104 Aquarell. 1948. 44 × 62 cm

105 Frau mit Pflanzen. 1949. Aquarell. 46 × 56 cm

106 Albumblatt II. 1949. Holzschnitt, übermalt. 27 × 20 cm. Z 171

107 Adam. 1949/50. Öl auf Leinwand. 71 × 45 cm

109 Vogelfrei. 1951. Farbholzschnitt. 119 × 68 cm. Z 213

110 Morgen. 1950. Farbholzschnitt. 85 × 57 cm. Z 196

111 Vogel. 1951. Farbholzschnitt. 47 × 47 cm. Z 209

112 Selbstbildnis. 1953. Farbholzschnitt. 111 × 62 cm. Z 230

113 Herbst. 1953. Farbholzschnitt. 70 × 52 cm. Z 249

114 Deutschland. 1952. Entwurf zum Holzschnitt. 105 × 200 cm. Z 224

115 Motorrad. 1952. Entwurf zum Holzschnitt. 150 × 55,5 cm. Z 221

116 Freunde. 1953. Farbholzschnitt. 84,5 × 59 cm. Z 231

117 Eros I. 1953. Farbholzschnitt. 35,5 × 45,5 cm. Z 238

119 Schmerzensbild. 1952. Farbholzschnitt. 151 × 133 cm. Z 219

120 Herbst. 1953. Farbholzschnitt. 57,5 × 63,5 cm. Z 249

121 Engel. 1953. Farbholzschnitt. 62 × 53 cm. Z 236

122 Scheidung. 1952. Farbholzschnitt. 84 × 108 cm. Z 227

123 Verlorener Sohn. 1952. Farbholzschnitt. 104 × 114 cm. Z 217

124 Koppel. 1950. Farbholzschnitt. 82 × 102 cm. Z 197

125 Tanz der Gebärenden. 1954. Farbholzschnitt. 100 × 91,5 cm. Z 257

126 Herbst. 1954. Farbholzschnitt. 113,5 × 109 cm. Z 253

127 Frühling. 1957. Farbholzschnitt. 86 × 94 cm. Z 312

128 Die Tanzenden. 1955. Holzschnitt. 21,5 × 19,5 cm. Z 278

129 Baby (Geburt). 1954. Holzschnitt. 21 × 21 cm. Z 260

130 Der Vater. 1957. Farbholzschnitt. 86 × 104,5 cm. Z 317

131 Marcinelle. 1956. Farbholzschnitt. 70 × 50 cm. Z 281

132 Frauen- und Männerkopf. 1956. Farbholzschnitt. 47 × 29 cm. In: *Janus*. Z 284

133 Wilder und zahmer Kopf. 1956. Farbholzschnitt. 45,5 × 31,5 cm. In: *Janus*. Z 286

134 Truthahn. 1957. Farbholzschnitt. 82,5 × 60 cm. Z 323

135 Vater Tod. 1955. Farbholzschnitt. 124 × 65 cm. Z 277

136 Sommer. 1956. Farbholzschnitt. 80 × 105 cm. Z 297

137 Ulmo. 1958. Farbholzschnitt. 80 × 100 cm. Z 334

138 Der Geiger. 1956. Bleistiftzeichnung. 87 × 61 cm

139 Fohlen. 1961. Silberstiftzeichnung. 56 × 76 cm

140 Fasanerie. 1957. Farbholzschnitt. 60,5 × 85 cm. Z 321

141 Serviermädchen (Wurlitzer Orgel). 1957. Farbholzschnitt. 100 × 57 cm. Z 322
142 Spiritual II. 1957. Farbholzschnitt. 43 × 60,5 cm. Z 314
143 Paar. 1957. Farbholzschnitt. 70,5 × 50,5 cm. Z 310
145 Ungarn. 1957. Farbholzschnitt. 36 × 31 cm. Z 307
146 Falke. 1958. Holzschnitt. 23 × 21 cm. Z 327
147 populus robusta. 1958. Holzschnitt. 133 × 93 cm. Z 328
148 Das Pferd. 1959. Holzschnitt. 38 × 53,5 cm. In: *Dunkle Welt der Tiere.* Z 361
149 Gefiederte Schlange. 1959. Holzschnitt. 53 × 31 cm. In: *Dunkle Welt der Tiere.* Z 358
150 Schwarzer Odysseus. 1958. Farbholzschnitt. 42 × 60 cm. Z 336
151 Godot I. 1959. Holzschnitt. 32 × 54 cm. Z 372
152 Christophorus. 1958. Farbholzschnitt. 38 × 30 cm. Z 331
153 Herbst I. 1959. Gouache. 86 × 57 cm
155 Godot II. 1960. Holzschnitt. 90 × 72 cm. Z 376
156 Chow-Chow. 1953. Farbholzschnitt. 62 × 63 cm. Z 246
157 Fjordpferde. 1960. Farbholzschnitt. 80 × 100 cm. Z 380
158 Großer Figurenstrauß. 1960. Farbholzschnitt. 98 × 74 cm. Z 374
159 Kleiner Figurenstrauß. 1960. Farbholzschnitt. 81 × 56 cm. Z 375
160 Ente. 1960. Farbholzschnitt. 40 × 50 cm. Z 388
161 Paar. 1960. Farbholzschnitt. 61,5 × 48,5 cm. Z 392
162 Hühnerdieb. 1961. Silberstiftzeichnung. 56,5 × 76 cm
163 Zum Lobe des Bildhauers. 1961. Silberstiftzeichnung. 56 × 76 cm
164 Kalbträger. 1961. Silberstiftzeichnung. 76 × 56 cm
165 Flüchtling. 1961. Silberstiftzeichnung. 76 × 56 cm
166 Afrikanische Passion. 1960. Triptychon. Gouache. Linker Flügel: Tanzender Afrikaner. 120 × 90 cm. Z 385
167 Afrikanische Passion. Mitte: Raketenmensch. 120 × 68 cm. Z 386
168 Afrikanische Passion. Rechter Flügel: Tanzende Araber. 120 × 103 cm. Z 387
170 Gestürzter Engel. 1960. Holzschnitt. 10 × 14 cm. Z 400
171 Gestürzter Engel. 1960. Holzschnitt. 14 × 10 cm. Z 401
172 Hase. 1960. Farbholzschnitt. 34,8 × 49 cm. Z 399
173 Hängebauchschwein. 1962. Holzschnitt. 37,5 × 60 cm. Z 485
174 Siamkatzen. 1960. Farbholzschnitt. 49 × 45 cm. Z 398
175 Katze und Vogel. 1960. Farbholzschnitt. 44 × 60 cm. Z 396
176 Blaue Vase, Hommage à Cézanne. 1960. Gouache. 58 × 38 cm
177 Blaue Vase, Hommage à Cézanne. 1960. Farbholzschnitt. 58 × 38 cm. Z 402
179 Les Noces. 1962. Farbholzschnitt. 107,5 × 155 cm. Z 443
180 Persephone. 1962. Farbholzschnitt. 106,5 × 155 cm. Z 442
181 Chout. 1962. Farbholzschnitt. 107 × 155 cm. Z 444
182 Der Feuervogel. 1961. Farbholzschnitt. 52 × 38 cm. Z 410
183 Paar. 22/VII/61. Farbholzschnitt. 21,5 × 20,5 cm. Z 426
184 Astra, weiße Wolke. 1963. Farbholzschnitt. 24 × 28 cm. Z 490
185 Noways Ambassador. Um 1963. Gouache. 55 × 73 cm
186 Landschaft. 1961. Holzschnitt. 37 × 40 cm. Z 437
187 Pax. 1963. Farbholzschnitt. 120 × 75 cm. Z 501
188 Paar. 1963. Farbholzschnitt. 29,5 × 19 cm. Z 497
189 Paar unter Zweigen. 1963. Holzschnitt. 75 × 50 cm. Z 502
190 Lemuria. 1963. Schieferschnitt. 243 × 119 cm. Z 491
191 Obsidian. 1963. Schieferschnitt. 243 × 85 cm. Z 492
192 Vater Rhein. 1965. Holzschnitt. 37 × 45,5 cm. Z 607
193 Schwarzer Fels. 1965. Holzschnitt. 37 × 50 cm. Z 604
194 Christophorus. 1965. Farbholzschnitt. 60 × 40 cm. Z 608
195 Hirte der sanften Gewalt. 1966. Farbholzschnitt. 65 × 46,6 cm. Fürst 66/97
196 Garten. 1964. Farbholzschnitt. 70 × 98 cm. Z 519
197 Ara. 1966. Holzschnitt. 66,5 × 52 cm. Fürst 66/96
198 Kreuzigung. 1966. Bleistiftzeichnung. 36 × 40 cm
199 Gospelsänger. 1964. Gouache. 56,2 × 34 cm
200 Der Blinde. 1966. Holzschnitt, Schwarzweiß-Fassung. 43,5 × 34,7 cm. In: *Totentanz von Basel.* Fürst 66/72
201 Die Jungfrau. 1966. Holzschnitt, Schwarzweiß-Fassung. 45 × 35 cm. In: *Totentanz von Basel.* Fürst 66/65
202 Der Maler. 1966. Holzschnitt, Schwarzweiß-Fassung. 44,3 × 34 cm. In: *Totentanz von Basel.* Fürst 66/80

203 Der Maler. 1966. Farbholzschnitt. 44,9 × 34,7 cm. In: *Totentanz von Basel.* Fürst 66/40

204 Der Kirbepfeifer. 1966. Farbholzschnitt. 44,9 × 34,7 cm. In: *Totentanz von Basel.* Fürst 66/26

205 Der Herold. 1966. Farbholzschnitt. 45 × 35 cm. In: *Totentanz von Basel.* Fürst 66/27

206 Presse-Engel. 1966. Farbholzschnitt. 41 × 29 cm. Fürst 66/99

207 Bileam II. 1966. Farbholzschnitt. 41 × 29 cm. Fürst 66/102

208 Gäa und Flötenspieler. 1967. Holzschnitt. 200 × 120 cm. In: *Männerwald.* Fürst 67/12

209 Ceres und Polias. 1967. Holzschnitt. 200 × 120 cm. In: *Männerwald.* Fürst 67/3, 67/7

210 Kreuztragung (II). 1967. Farbholzschnitt. 35 × 41,5 cm. In: *Polnischer Kreuzweg.* Fürst 67/20

211 Dritter Fall (IX). 1967. Farbholzschnitt. 35 × 45,5 cm. In: *Polnischer Kreuzweg.* Fürst 67/27

212 Stelen. 1968. Holzschnitt. 205 × 100 cm. Fürst 68/100

213 Der Mantel. 1969. Farbholzschnitt. 70 × 80 cm. In: *Der Kreuzweg der Versöhnung.* Fürst 69/92

214 Bayrischer Schulfunk. 1967. Holzschnitt. 53 × 70 cm. Fürst 67/79

215 Paar vor Fabrik. 1968. Farbholzschnitt. 23,5 × 16,5 cm. Fürst 68/100

216 Mutter. 1952/1969. Holzschnitt. 160 × 101 cm. Z 216, Fürst 69/7

217 Partygirl. 1969. Collage. 77 × 59,5 cm

218 Rufende Hirtin. 1969. Farbholzschnitt. 28 × 20 cm. In: *grob, fein & göttlich.* 1970. Fürst 69/61

219 Paar am Dornbusch. 1969. Farbholzschnitt. 28 × 18,5 cm. In: *grob, fein & göttlich.* 1970. Fürst 69/59

221 Dresden-Nürnberger Dürer. Zweite Fassung, 1970. Farbholzschnitt. 224 × 120 cm. Fürst 70/2

222 Traum des Pharao I: Die fetten Kühe. 1970. Linolschnitt. 117 × 144,5 cm. In: *Josefslegende.* Fürst 70/114

223 Josef und seine Brüder. 1970. Linolschnitt. 117 × 144,5 cm. In: *Josefslegende.* Fürst 70/102

224 Figurenstrauß. 1971. Gouache. 51,5 × 28,5 cm

225 Figurenstrauß. 1971. Gouache. 48,5 × 32 cm

226 März – Osterritt. 1971. Holzschnitt. 10,5 × 8 cm. Fürst 71/82

226 Juli – Umarmung. 1971. Holzschnitt. 9,5 × 5 cm. Fürst 71/86

227 Oktober – Lebensbaum. 1971. Holzschnitt. 11 × 8,3 cm. Fürst 71/89

227 November – Hirte. 1971. Holzschnitt. 13 × 6,5 cm. Fürst 71/90

228 Sterbende Graugans, Hommage à Konrad Lorenz. 1971. Farbholzschnitt. 56 × 61,5 cm. Fürst 71/61

229 Hommage à Picasso. 1972. Farbholzschnitt. 41,5 × 30 cm. Fürst 72/86

230 Zwischen Schleiz und Greiz. 1972. Holzschnitt. 23,5 × 16 cm (links) – Holzschnitt mit Zeichnung. 23,5 × 16 cm (rechts). In: *Das andere Ufer vor Augen.* Fürst 72/5, 72/5a

231 Zwischen Schleiz und Greiz. 1972. Holzschnitt mit Lithographie. 23,5 × 16 cm (links) – Lithographie. 21,5 × 15 cm (rechts). In: *Das andere Ufer vor Augen.* Fürst 72/5b, 72/21

232 Sintflut. 1972. Untergehende mit den Wildpferden (links). Untergehende Hirsche und Eichhörnchen (rechts). Holzschnitte. Je 300 × 100 cm. Fürst 72/102, 72/99

233 Sintflut. 1972. Untergehende mit den Elchen (links). Untergehende Autos mit Kamel (rechts). Holzschnitte. Je 300 × 100 cm. Fürst 72/101, 72/95

234 Sterbender Elefant. 1972. Farbholzschnitt. 29,5 × 42 cm. In: Pablo Neruda, *Aufenthalt auf Erden.* 1973. Fürst 72/63

235 Vorwelt. 1972. Farbholzschnitt. 28,8 × 42 cm. In: Pablo Neruda, *Aufenthalt auf Erden.* 1973. Fürst 72/66

237 Der Geiger von Gmünd. 1971. Farbholzschnitt. 84 × 56,5 cm. Fürst 72/112

239 Der Geiger im Rhein. 1965. Holzschnitt. 20 × 19,5 cm

240 Pan in Dornen. 1975. Gouache. 78,5 × 54,5 cm

241 Harpunier am Wal. 1974. Holzschnitt. 39 × 26 cm. In: *Stop dem Walfang!* Fürst 74/7

242 Achalm. 1969. Farbholzschnitt. 26,5 × 21 cm. Fürst 69/96

243 Vereinigung am Neckar. 1974. Farbholzschnitt. 71 × 65 cm. Fürst 74/35

244 PS 41 41 41 Dürre Afrika – help! 1973. Holz- und Korkschnitt. 24 × 31 cm. Fürst 73/43

245 Epitaph für Allende. 1973. Farbholzschnitt. 56,3 × 38,5 cm. Fürst 73/66

247 Herbstlaub. 1978. Korkschnitt, weiße Kreide und Gouache. 61,7 × 37 cm. Fürst 78/24

248 Elephant. 1973. Holzschnitt. 36,5 × 25,6 cm. Fürst 73/29

249 Sphinx mit Hammer und Sichel. 1973. Holzschnitt. 47 × 29,6 cm. Fürst 73/32

250 Vierteilung Jerg Ratgebs. 1973. Holzschnitt. 117 × 150 cm. Fürst 73/36
251 Bücherverbrennung. 1975. Holzschnitt. 20,5 × 30,5 cm. Fürst 75/40
252 Der Mann mit der Machete. 1976. Holzschnitt. 24 × 14 cm. In: *Herreißend die Zukunft.* Fürst 76/30
253 Partisan. 1976. Holzschnitt. 30 × 11 cm. In: *Herreißend die Zukunft.* Fürst 76/31
254 Unica der Wacholderalb in Grisaille. 1976. 31 × 47 cm. Fürst 76/7
255 Unica der Wacholderalb in Grisaille. 1976. 34,5 × 37,5 cm. Fürst 76/6
256 Paraphrasen zum Ratgeb-Altar V. 1977. Holzschnitt und Tusche. 70,5 × 68,5 cm. Fürst 77/27
257 Paraphrasen zum Ratgeb-Altar VI. 1977. Holzschnitt und Tusche. 73 × 64,3 cm. Fürst 77/28
258 Paare IV. 1977. Holzstock. 104,5 × 70,5 cm. In: *Die Liebe ist ein Hemd aus Feuer.* Fürst 77/57
259 Paare V. 1977. Holzstock. 104 × 71,2 cm. In: *Die Liebe ist ein Hemd aus Feuer.* Fürst 77/58
260 Aquarell. 1979. 75 × 58 cm
261 Aquarell. 1979. 102 × 73 cm
262 Schwarze Rose. 1977. Holzschnitt und Tusche. 34 × 22 cm. In: *Unica für Heinar Kipphardt.* Fürst 77/82
263 Krähen. 1977. Holzschnitt und Tusche. 37 × 24 cm. In: *Unica für Heinar Kipphardt.* Fürst 77/84
264 Dionysos. 1979. Farbholzschnitt. 43,5 × 35,5 cm. In: *Hellas.* Fürst 79/17
265 Elefteros. 1979. Farbholzschnitt. 45,5 × 36,5 cm. In: *Hellas.* Fürst 79/16
266 Bleistiftzeichnung über Ablichtung von Tusche. 1980. 29,7 × 21 cm
267 Bleistiftzeichnung über Ablichtung von Tusche. 1980. 29,7 × 21 cm
268 Schaumkraut II. 1980. Holzschnitt. 29,5 × 9 cm. Fürst 80/8
269 Schaumkraut III. 1980. Holzschnitt. 27,5 × 9,5 cm. Fürst 80/9
270 Rückkehr in die Freiheit, Ängste und Hoffnungen. 1980. Holzschnitt. 82 × 60,5 cm. Fürst 80/17

Bibliographie

Wilhelm Boeck. *Hap Grieshaber – Holzschnitte.* Günther Neske, Pfullingen 1959. Enthält Werkverzeichnis der Holzschnitte bis 1958, Nr. 1–314; dreisprachig.
hap grieshaber. Edition Rothe, Heidelberg 1960. Mit Werkverzeichnis Nr. 315–359 im Anschluß an Boeck.
Margot Fuerst. *Der Holzschneider HAP Grieshaber.* Gerd Hatje, Stuttgart 1964, erweiterte Auflage 1971. Enthält Bibliographie der Publikationen seit 1933; Verzeichnis der Ausstellungskataloge, der Wandbilder und Mappenwerke sowie der illustrierten Bücher.
Margot Fuerst. *Grieshaber – Der Drucker und Holzschneider. Plakate Flugblätter Editionen und Akzidentia.* Einführung von Rudolf Mayer. Gerd Hatje, Stuttgart 1965. Werkverzeichnis mit Abbildungen Nr. 1–272. Enthält Verzeichnis der Veröffentlichungen über Grieshaber in Büchern, Zeitungen, Zeitschriften und Katalogen.
hap grieshaber – Seestern und Tomahawk. Vierzehn Collagen unter Resopal. Zwei Farbholzschnitte. Nachwort von Wilhelm Boeck. Insel Verlag, Frankfurt 1965.
Grieshaber Malbriefe. Herausgegeben von Margot Fuerst. Gerd Hatje, Stuttgart 1967. Briefe, teilweise faksimiliert, seit 1935.
HAP Grieshaber – Malbriefe. Herausgegeben von Margot Fuerst. Mit einem Nachwort von Ulrich Sonnemann. Deutscher Taschenbuchverlag, München 1969 (dtv Nr. 621).
Grieshaber 60. Ausstellungskatalog. Herausgegeben von der Städtischen Kunstgalerie Bochum und dem Württembergischen Kunstverein Stuttgart, 1969. Mit 4 zweifarbigen und 2 einfarbigen Holzschnitten, vom Stock gedruckt. Einführungen von Peter Leo und Wilhelm Boeck.
hap grieshaber – Erster Dürerpreisträger der Stadt Nürnberg – 1971. Ausstellungskatalog. Dr. Cantz'sche Druckerei, Stuttgart 1971. Mit einem Gesamtverzeichnis der in- und ausländischen Ausstellungen. Enthält 12 vom Stock gedruckte ein- und mehrfarbige Holzschnitte.
HAP Grieshaber – Kato i diktatoria – Contra la Junta. Ausstellungskatalog. Staatliche Kunsthalle Berlin, 1977–1978.
Karl-Heinz Kukla/Horst Zimmermann. *HAP Grieshaber – Holzschnitte.* Ausstellungskatalog. Zentrum für Kunstausstellungen der DDR – Neue Berliner Galerie, Kunsthalle Rostock, Staatliche Kunstsammlungen Dresden, 1978/79. Mit einem Werkverzeichnis der Holzschnitte seit 1932, Nr. 1–1290 (ohne Varianten).
Grieshaber in Reutlingen. Ausstellungskatalog. Rathaus Reutlingen, 1979.
Grieshaber zu Eningen-Achalm. Sammler zeigen Malbriefe – Holzschnitte – Bücher – Mappenwerke. Ausstellungskatalog. Festhalle Eningen, 1979.
Margot Fuerst. *Grieshaber. Die Plakate 1934–1979.* Einleitung Friedrich Pfäfflin. Gerd Hatje, Stuttgart 1979.
HAP Grieshaber 32 Aquarelle 1979. Galerie Schmücking. Braunschweig 1979.
Grieshaber und das Buch. Ausstellungskatalog. Universitätsbibliothek Tübingen, 1979. Mit einer Gesamtbibliographie, bearbeitet von Gerhard Fichtner.
Willem Sandberg und Margot Fuerst. *Grieshaber – Der betroffene Zeitgenosse.* Gerd Hatje, Stuttgart 1979.
Rolf Schmücking. *51 Zeichnungen von HAP Grieshaber 1980.* Galerie Schmücking, Braunschweig 1980.
Der Engel der Geschichte. Herausgegeben von HAP Grieshaber. Nachdruck der Folgen 1 bis 13 aus den Jahren 1964 bis 1969. Harenberg, Dortmund 1980 (Die bibliophilen Taschenbücher).
HAP Grieshaber / Margarete Hannsmann. *grob, fein & göttlich.* Harenberg, Dortmund 1982 (Die bibliophilen Taschenbücher Nr. 314).
Grieshaber – Die Gouachen zum Totentanz. Einführung Wolf Schön. Gerd Hatje, Stuttgart 1982.
»Malgré tout. Grieshaber mit seinen Freunden«. Bearbeitet von Ludwig Greve. *Marbacher Magazin,* 29/1984. Katalog 1984. Deutsche Schillergesellschaft, Marbach 1984.
Margot Fürst. *Grieshaber. Die Druckgraphik. Band 2. 1966–1981.* Gerd Hatje, Stuttgart 1984.

Der Kern der Ausstellung wurde aus den Beständen der Staatsgalerie Stuttgart, der Galerie der Stadt Stuttgart und dem Museum für Kunst und Gewerbe Hamburg bestritten. Sie hätten ausgereicht, eine eindrucksvolle und nicht minder zahlreiche Schau zu bewerkstelligen. Zur Realisierung unserer Absicht, den Aufbau des Werks in vielen Facetten transparent zu machen und dem weithin bekannten Holzschnittwerk Unikate wie Entwürfe, Druckstöcke, Zeichnungen, Aquarelle und Gouachen aus allen Perioden hinzuzufügen, waren die Beiträge aus weiteren Sammlungen erforderlich.

Die Veranstalter haben daher den folgenden öffentlichen und privaten Leihgebern herzlich zu danken für die generöse Überlassung der erbetenen Werke:

Allgemeine Rentenanstalt Stuttgart
Rudolf Bayer, Sachsenheim
Margot Fürst, Stuttgart
Galerie Schmücking, Braunschweig und Basel
Galerie Valentien, Stuttgart
Ludwig Greve, Stuttgart
Ricca Grieshaber, Reutlingen-Achalm
Willy Häussler, Pausa AG, Mössingen
Hermann Heinzelmann, Stuttgart
Institut für Auslandsbeziehungen, Stuttgart
Kunstsammlungen des Bundes, Bonn
Kunstsammlungen der Stadt Esslingen a.N.
Landesgirokasse Stuttgart
Museum Bochum
Friedrich Pfäfflin, Marbach a.N.
Walter Renz, Stuttgart
Dr. R. Seitz, Karlsruhe
Stadt Reutlingen
Stadtarchiv Böblingen
Rolf Szymanski, Berlin